6.9.2018
Istanbul

AYI
KAPLAN
EJDERHA

DESTEK
yayınları

DESTEK MEDYA GRUBU

DESTEK YAYINLARI: 963
KİŞİSEL GELİŞİM: 169

ANDRÉS PASCUAL - ECEQUIEL BARRICART / AYI KAPLAN EJDERHA
ORİJİNAL ADI: EL OSO EL TIGRE Y EL DRAGÓN

İmtiyaz Sahibi: Yelda Cumalıoğlu
Genel Yayın Yönetmeni: Ertürk Akşun
Yayın Koordinatörü: Özlem Esmergül
Çevirmen: Didem Demirci Altun
Editör: Aslı Bahşi
Kapak Tasarım: İlknur Muştu
Sayfa Düzeni: Cansu Poroy
Sosyal Medya-Grafik: Tuğçe Budak - Mesud Topal

Destek Yayınları: Haziran 2018
2.-3. Baskı: Ağustos 2018
Yayıncı Sertifika No. 13226

ISBN 978-605-311-444-4

© Destek Yayınları
Abdi İpekçi Caddesi No. 31/5 Nişantaşı/İstanbul
Tel. (0) 212 252 22 42
Faks: (0) 212 252 22 43
www.destekdukkan.com
info@destekyayinlari.com
facebook.com/DestekYayinevi
twitter.com/destekyayinlari
instagram.com/destekyayinlari

Deniz Ofset – Nazlı Koçak
Sertifika No. 40200
Maltepe Mah. Gümüşsuyu Cad.
Odin İş Mrk. B Blok No. 403/2
Zeytinburnu / İstanbul

DESTEK yayınları KARAKARGA BEYAZ BAYKUŞ genç DESTEK

Andrés Pascual - Ecequiel Barricart

İçinizde Yaşayan Üç Hayvan

AYI KAPLAN EJDERHA

Ayı gibi
SEV
Kaplan gibi
CESUR OL
Ejderha gibi
YÜKSEL

Çevirmen: Didem Demirci Altun

DESTEK
yayınları

Hayatlarımızın ayısı, kaplanı ve ejderhası
Cristina ve Itziar'a...

İÇİNDEKİLER

AYI

Hayat Şu Andır 11
En Değerli Varlık 15
Üç Hediye Bir Arada 18
Kucak, Pençe ve Bakış 21
Rüzgâra Karşı Uçmak 23
Sana Güveniyorum 25
Şefkat Çubuğu 28
Katlanan Aynaların Önünde Sorular 31
Çatlak ve Çiçek 33
Ben Eşsizim 36
Kelimelerin Gücü 39
Üşüdüğünde Seni Saracağım 41
Ayıyla Kucaklaşma 43
Bir Parça Zarafet 46
Şimdi Harekete Geç, Şimdi Yaşa 49

KAPLAN

Haritaların Ötesi 53
Başımın Üzerindeki Güneş 55
Opak Sızlanma Gözlükleri 58
Yıldız Kayması 61

Yaralar Aşktır 63
Üç Ayak İzi 64
Kum Fırtınası 67
Savaşçı ya da Paralı Asker 69
Hak Edilmiş Bir Ceza 72
Taşıdıkların Seni Kuma Batırır 75
Yenilmez Takım 78
Appassionata Çölde de Çalıyor 81
Kükreme 83
İmkânsız mı? 85
Kefiyelerin Yumuşaklığı 88
Beklenmedik Bir Bahçe 91
Küçük Hurma 94

EJDERHA

Ormandaki Melodiler 97
Gümüş Çengelliiğne 99
Ejderhanın Yükselişi 102
Özgürlük 104
Gökkuşağında Gri Yoktur 107
Gökyüzü Parmaklarımın Ucunda 110
Kilometrelerden ve Yıllardan Çok Uzağa 112
Amacım 114
Ben Havayım 116
Işığa Dönüş 118

Boruların Arasındaki Huzur 121

Katlanan Aynalarda Kükremeler 123

Şafak 124

FELSEFE

İçinizdeki Üç Hayvanın Farkına Varın 127

Ayı 129

Hasta bir ayı 129

Ayınızı besleyin 130

Sağlıklı bir ayı 131

Kaplan 132

Hasta bir kaplan 132

Kaplanınızı besleyin 133

Sağlıklı bir kaplan 134

Ejderha 135

Hasta bir ejderha 136

Ejderhanızı besleyin 136

Sağlıklı bir ejderha 137

Güçlerin Dengesi 138

İhtiyacınız olan hayvanı çağırın 140

Üç hediye 142

SON SÖZ 143

AYI

Hayat Şu Andır

Dingin adam, terziye tam kararlaştırılan saatte geldi. Zili çalıp içeriye bakmak için burnunu cama dayadı. Ahşap duvarlar, ipliklerin üst üste dizildiği raflar ve fildişi düğme örneklerini gördü... Cansız mankenler, gala yemeğindeki elçiler gibi selam veriyorlardı. Burası, yıllardır Sombría'nın en seçkin yerlerinden biri olarak biliniyordu. Ellerini ovuşturdu. Sombría her zaman soğuk bir sis tabakasıyla kaplıydı, çamurlu su birikintilerine dikkat ederek yürümek gerekirdi. Söylenenlere göre, uzun zaman önce, parkın kuru yapraklarının üzerinde oynayan sincaplar ve meyve tezgâhları arasında gezen kadınların etrafında uçuşan mavi kelebekler olurdu. Fakat tutulmayla her şey değişti. Güneş bir gezegenin kara küresinin ardına saklandı ve şehir karanlığa ve soğuğa teslim oldu. Havayı ısıtmak için kurulan bacalar kuşlara ve bitkilere yuva oldular ve insanlar vücut ısılarını korumak için dışarıda konuşmamaya başladılar.

Gününü şaşırmamak için terzi ile yaptığı telefon konuşmasını tekrar hatırladı. Neredeyse yetmiş yaşına gelmişti ama şu zamana kadar hiç not alma ihtiyacı duymamıştı. Tam yangın merdivenlerine oturacaktı ki uykudan yeni uyanmış gibi görünen orta yaşlı bir adam kapıyı açıp onu içeri davet etti.

"Pazartesi konuşmuştuk, bilmem hatırlıyor musunuz?"

"Beni takip edin" dedi terzi, elleri şakaklarında, güçlü bir baş ağrısı çekiyor gibiydi. Kutu ve örneklerin bulunduğu ilk odayı geçtiler. Oradan, ölçülerin alındığı salona geçtiler. Ortada, karşısında aynalar olan bir metre yüksekliğinde bir platform vardı. Bir köşede, binanın içine açılan bir kapı bulunuyordu. Diğer köşede ise binlerce, yüzlerce mezuranın bulunduğu bir dolap vardı.

"Ne tür bir takım elbise istediğinize karar verdiniz mi?" diye sordu terzi; samimi görünmeye çalışıyordu fakat yorgunluğunu gizleyemiyordu.

"Ben bir tavsiyede bulunabilirim fakat iş için mi yoksa bir etkinlik için mi olacağını söylemeniz gerekir." Gülümsemek için çaba gösterdi çünkü eline iğne batmıştı.

"Yalnızca şık olmak istiyorum" diye cevapladı. Terzi, Sombría'da giyilen tek renk olan grinin çeşitli tonlarında kumaşların olduğu bir kataloğu masaya koydu. Müşteri, soğuk renkte yün bir kumaş seçti. Hemen ardından birçok askının olduğu bir askılığa yaklaşıp vücut yapısına en iyi gidecek takım elbiseyi seçmeye çalıştılar. Pensli, penssiz; dar yaka, geniş yaka... Bir tane seçer seçmez, terzi, örnek pantolon ve ceketlerden birini giyerek ölçülerini alacağı platforma çıkmasını istedi. Dingin adam, daha yavaş bir görüşme olmasını beklemişti. Onun için terziye gitmek, rahatlatıcı bir masaj yaptırmak gibiydi, örneğin astarın kumaşını ya da içcebine işlenecek harflerin karakterini seçmek gibi protokollerin her aşamasından büyük bir zevk alırdı. Ama bu terzi işini bir an önce bitirmek istiyor gibiydi. Ondan hoşlanmadığından değil, daha çok uzakta gibiydi, sanki deneyimli elleri mekanik ve hatasız bir şekilde modeli çıkarırken kafası başka bir yerdeydi.

"Röntgenim çekiliyor gibi hissediyorum kendimi" dedi ortamdaki havayı yumuşatmaya çalışarak.

"Her şeyin ölçüsünü tam almam gerekiyor çünkü bir omzunuz diğerinden daha düşük."

Not aldığı sayfayı elinden bırakmadan bir dikiş attı ve tam o sırada parmağını şıklatarak kendi işine küfretti. Orantısızdı. Bir kolu kesse bile abartılı olurdu.

Dingin adam sessizce bekledi.

Terzi sayfayı yere atıp başı önünde yere oturdu. Dingin adam, iyi olup olmadığını sormaya gitti fakat olmadığı her halinden belliydi. Başını yerden kaldırmaya cesaret edemedi, aynalardaki yansımasından utanıyor gibiydi. Platformdan inip yanına oturmadan önce bir süre bekledi. Elini uzattı.

"Hâlâ bana adını söylemedin..."

"Gabriel" dedi terzi, bu yumuşak jestten etkilenmişti. "Kusura bakmayın, iyi bir gün geçirmiyorum."

"Yarın tekrar gelebilirim..."

"Hayır!" diye kesti o an çok kaba bir hareket yaptığını düşünerek. "Vakit kaybedemem demek istedim." Tepelerinde bulunan guguklu saatin, akşam olduğunu haber veren sesi duyuldu. Üzerindeki kapağın ardından bir kuş merhaba demek için çıktı.

"Bak..." diye gösterdi dingin adam. "Şu soytarı bile bize gülüyor. Sanki hayat bizi daha ileride bekleyen bir şeymiş gibi, günleri hiçbir zaman durmayacak ikinci bir elin ardından koşarak geçiriyoruz."

"Hayat mı? Onun nasıl bir şey olduğunu unuttum."

"Hayat, şu andır. Şu kumaşın dokunuşu, kalbimizin her bir atışı."

"Acıdır..." diye ekledi Gabriel parmağını yaptığı dikişin üzerinde gezdirerek. İğnenin battığı yeri sıktı, bir damla kan akmıştı.

"Hep aynı."

"Böyle söyleme. Genç ve yakışıklı bir adamsın. Eres un hombre joven y apuesto. Eminim başına her ne geldiyse sadece kötü bir dönemden geçiyorsundur."

"Oldukça uzun bir dönem..."

"En azından nesilden nesile aktarılan bir dükkânın var" dedi onu neşelendirmeye çalışarak. Gabriel derin bir nefes aldı ve kendini bu tanımadığı adamın sesine bırakarak başını yerden kaldırmadan içini dökmeye başladı.

"Sorun da bu zaten. Babam ölüp de işi ben devralana kadar her şey mükemmeldi. Bu dört duvar arasında öyle çok ter döktüm ki şimdiye küfle kaplanmış olmaları lazımdı ama iş batıyor ve beraberinde beni de batırıyor. İnanın bana daha önce böyle değildim. Ama birden kendimi kaybolmuş gibi hissetmeye başladım. Hepsinden kötüsü, bu huzursuzluk evliliğime de yansıdı. Haftalardır bu küçük dükkânın zemininde bir şiltenin üzerinde uyuyorum, ne karımı ne de kızımı görüyorum."

"Bunu neden yapıyorsun?"

Gabriel gözyaşını elleriyle sildi.

"Özür dilerim, bütün bunları size neden anlattığımı bilmiyorum."

Dingin adam yerde duran ölçülerin yazılı olduğu kâğıdı alıp arkasına bir not yazdıktan sonra genç adama verdi.

"Gelecek salı sabah saat on birde bu adrese gelmeni istiyorum."

"Takımı getirmek için mi?"

"Hayır. Ondan önceki gün alması için birini göndereceğim."

"Öyleyse ne için?"

"Senin için her şeyi sonsuza kadar değiştirecek bir şeyim var."

En Değerli Varlık

Gabriel bütün haftayı düşünerek geçirdi. Gerçekten her şeyi bir anda değiştirebilecek bir iksir var mıydı? O gün geldiğinde tramvaya binip adresteki yere gitti ve şaşkınlıkla kalakaldı. İki bina arasında, yuvarlak camlı küçük bir kiliseydi. Pasó toda la semana pensando en la cita. Tuğlaları rutubetten kararmıştı, aralık duran kapıdan sokağa bir müzik yayılıyordu. Buluşma yerinin yazılı olduğu kâğıda tekrar baktı. Kesinlikle orasıydı. Kutsal bir yere giriyor olmanın verdiği gerginlikle sessizce içeri girdi. Son zamanlarda kendini o kadar değersiz hissediyordu ki, yardımı, özellikle de bu kadar uzaktan gelecek bir yardımı hak ettiğini hiç düşünmemişti. Ancak ziyaretçinin çağrısına gelmişti. Gizemli teklifi ile ilgilenmişti ama her şeyden öte onunla arkadaş olabileceğini hissetmişti.

Bankların aralarında tek tük insanlar vardı fakat aralarında o yoktu. Koridorun sonunda bir tabut gördü. Bir cenaze seremonisi vardı. Bu buluşmanın korkunç bir şaka olduğunu düşünmeye başlamıştı. Yavaşça yaklaştı. Tabut açıktı, etrafında plastik çiçeklerden bir taç vardı. (Tutulmanın yol açtığı güneş ışığı eksikliği, Sombría'nın tüm bitkilerini yok etmişti.) Eğilmek istemiyordu fakat açıklayamadığı bir şey onu çekiyordu. Kumaşı görür görmez tanıdı. Tabuttaki ölü, diktiği takımı giymiş olan dingin adamdı.

"Aman Tanrım!"

Orgdan yükselen sol minör akordu tüylerini ürpertti. Nasıl olabilirdi? Aynaların önünde konuşmalarının üzerinden sadece yedi gün geçmişti. Şefkatli sesini, zarafetini, terzi dükkânının kapısından girdiğindeki dokunaklı halini hatırladı. Konuşmalarını yeniden canlandırmaya çalıştı ama yapamadı. Daha fazla dikkat etmeliydi! Ona bir çay bile ikram etmemiş olduğunu düşünüp üzüldü. Gerilmişti, ne yapacağını bilmiyordu. Her zaman cebinde taşıdığı kakao çubuğunu çıkarıp kurumuş dudaklarına götürdü. Resecos. O sırada, takım elbiseli bir genç arkasından yaklaştı. Gencin varlığını fark ettiğinde yerinden zıpladı.

"Rahatsız etmek istememiştim" dedi.

"Siz terzi Gabriel olmalısınız."

"Sen kimsin? Adımı nereden biliyorsun?"

"Patronum kesin talimat verdi."

"Hiçbir şey anlamıyorum" diye tekrar etti gözlerini tabuttan ayırmadan.

"Belki bu anlamanıza yardımcı olur."

Genç adam bir zarf uzattı. İçinde bir kart vardı. Müşterisinin yazdığına dair en küçük bir şüphesi yoktu. Adresteki elyazısıyla aynıydı. Tabutun başında okumaya başladı.

Sevgili Gabriel...

Geçen gün hayatın kalbimizin her atışı, şu anda yaşadığımız şey olduğunu söylemiştim. Bu yazıyı okuduğuna göre benimki artık atmıyor demektir. Benim için üzülme, hiç korkmuyorum. İyi kötü bütün anları dolu dolu yaşamaya çalıştım. Sombría'nın tarih yazılmamış mezar taşlarına hiç dikkat ettin mi? O mezar taşlarında tarih yok çünkü yatanlar tek bir gün bile gerçekten yaşamamışlardır, sanki hiç var olmamışlardır. Seni temin ederim benimkinde bir destan yazılı olacak. Guguklu saatin sana acele ettirmesine izin verme. Eminim bu işin hak ettiği harika geleceği yavaş yavaş öğreneceksin. Asistanımın seni götüreceği yere gitmeni istiyorum. Sana en değerli varlığımı verecek.

En iyi dileklerimle...

Dükkânından mutlu ayrılmış bir müşteri...

Bu sahneyi yaşıyor olduğuna inanamıyordu. Ama işte takım gerçekti, kendi makasıyla, kendi elleriyle kesip biçtiği takımdı; bu huzurlu hava gerçekti, birden Sombría'daki her şey gibi dondu.

"Tüm bunlar ne demek oluyor?" diye sorabildi.

"Gitmemiz gerekiyor."

Asistanı dinledi. Dingin adama son bir kez baktı. "Yalnızca şık olmak istiyorum" demişti tanıştıklarında. Kâğıtta yazan "en değerli varlığım" yazısını tekrar okudu. Derin bir nefes alıp genç adamın arkasından yürümeye başladı.

Üç Hediye Bir Arada

Asistan Sombría'nın arka yollarında arabayı sessizce sürdü. Sokak lambaları havanın ağırlığından bükülmüşlerdi. Sisi engellemek için küçük, hava geçirmez camları olan beton binaların olduğu bir yerleşim bölgesinden geçtiler. Siyah dumanlarla kaplı sanayi bölgesini arkalarında bırakarak birkaç harabenin olduğu boş bir araziye geldiler. Gabriel, endişeli gözlerle camdan dışarıya baktı. Şehir merkezinden hiç bu kadar uzaklaşmamıştı. Camları batıya bakan, girişinde sütunlar bulunan bir malikâneye geldiklerinde şoförden geri dönmesini rica etmek üzereydi. Güneş tutulmasından önce, günbatımına doğru inşa edildiği belliydi. Gabriel, yanmış gibi görünen simsiyah toprağın üzerinde bu muntazam mermer binanın nasıl ayakta kalabildiğine şaşırmıştı.

"Patronum burayı yolculuktan döndükten sonra aldı ve kendini restore etmeye adadı" diye bilgi verdi asistan.

"Ne yolculuğu?"

"Astronomdu. Bu yüzden gök kubbeyi rahatça görebileceği bir yerde yaşamak istiyordu."

"Sombría'da böyle bir yer olduğundan şüpheliyim."

"Bu yüzden daha uzağa gitti."

"Merakımı mazur görün" dedi Gabriel. "Kim daha uzağa gitme riskini almak ister? Babamın dediği gibi, burada en azından girdiğimiz suyu tanıyoruz."

"Sombría'dan uzakta bir hayat olsaydı, okul kitaplarında ya da can sıkıcı bültenlerde bundan kesinlikle bahsedilmezdi. Burada yaşayanlar, bu olasılığı her şekilde reddediyorlar."

Asistan malikânenin kapısını açtı. Duvarları kaplayan boyanın kokusu her yeri sarmıştı. Her yerde içi boş heykeller, ipek halılar, goblenler, maun mobilyalar ve hatta büyük bir piyano vardı, odalar avizelerle aydınlanıyordu.

"Astronomların bu kadar para kazandıklarını bilmiyordum" diye söylendi Gabriel, gözleri fal taşı gibi açılmıştı.

"Patronum, milyonlarca güneşin ve yıldızın bizi beklediği bulutların ardına bakmayı bilirsek her şey mümkündür derdi."

Terzi ise hayatını aydınlatan tek şeyin, nereye gitse onu takip eden fırtınadaki yıldırım olduğunu düşündü.

Bu eserlerden hangisini kendine bırakmış olabileceğini düşündü. Hiçbir zaman açgözlü biri olmamıştı ama öyle çaresiz durumdaydı ki, hediyesini alıp bir an önce antikacının yolunu tutmak istiyordu.

"Bu kadar düz sorduğum için beni bağışlayın" dedi utançtan kızararak. "Bana ne bıraktığını söyleyebilir misiniz?"

"Bilmiyor musunuz?"

"Bana sadece her şeyi sonsuza kadar değiştirecek bir şey olduğunu söyledi."

"Neden tahmin etmeyi denemiyorsunuz?"

"Şu tablolardan biri olabilir" diyerek oyuna başladı Gabriel, deniz savaşının işlendiği bir resmi işaret ederek. Asistan kafasını salladı.

"Bunlar, heykellerle birlikte bir yardım kuruluşuna gidecekler."

"Mobilyalardan biri..."

Asistan tekrar başını salladı. "Hepsi evde kalacak ve bir kütüphaneye dönüştürülecek." Yerde rafların bulunduğu bir odayı işaret etti.

"Orada gökyüzünü incelemekle alakalı binlerce kitap var."

"Nakit para mı?"

"Bankadaki tüm para uzak akrabalar arasında bölüştürülecek."

Gabriel somurttu.

"Öyleyse ne?"

"Üç hediye bir arada" dedi asistan beklentiyi yükselterek. "Dışarı gelin."

Arka bahçeye çıktılar.

Birden vahşi bir kükreme duydu. Arka taraftaki bir evden geliyordu. Asistan kapıyı açıp ışığı yaktığında gözlerine inanamadı. Üç büyük kafes vardı. Birincisinde bir ayı, ikincisinde bir kaplan, üçüncüsünde ise bir ejderha vardı.

Kucak, Pençe ve Bakış

Rüya görmediğinden emin olmak için kafasını salladı. Tekrar baktı... Hâlâ oradaydılar. Kükrüyor, kafesleri devirmek istercesine sallıyorlardı. Ayının kahverengi tüyleri vardı. Tüylü yuvarlak kulakları vahşi görüntüsünü tamamlıyordu. Küçük gözleri kırmızı birer kora dönüşürken ayaklarını kaldırıp burnunu parmaklıkların arasından çıkarıyor, kırmak istercesine asma kilide vuruyordu. Kaplan güzel bir dövme kadar vahşiydi. Siyah çizgili turuncu derisinin altından görünen avcı kasları gerilmişti. Bıçak gibi pençeleriyle demir parmaklıkları çiziyordu. Susamış uzun sivri dişlerini göstererek kükredi. Ejderha bu üçlünün en büyüğüydü. Pullu bir zırhı ve büyük deri görünümlü kanatları olan bir sürüngendi. Kuyruğunu bir ortaçağ gürzü gibi sallıyordu. Burnundan dumanlar çıkararak ciyaklıyordu.

"Bu nedir böyle?" diye bağırdı Gabriel.

"Sakin olun!" dedi genç adam, gürültüyü bastırmaya çalışarak. "Normalde böyle davranmazlar. Sahiplerinin yokluğunu anladıkları için gerginler. Şimdi size alışmaları gerekli..."

Terzi ne düşüneceğini bilemiyordu.

"Bu bir şaka olmalı."

"Bunu nasıl söylersiniz?"

"Burada ne yaptığımı bilmiyorum" diye sitem ederek döndü.

"Bekleyin!" Asistan terziyi kolundan tuttu. "En azından patronumun talimatlarını size söylememe izin verin!"

"Hangi talimatları?"

"Ayıdan kucak, kaplandan pençe ve ejderhadan bir bakış alabildiğiniz zaman bütün hayatınızın gökteki yıldızlar gibi aydınlanacağını söyledi."

"Bilmecelerden anlamam!" diye sözünü kesti Gabriel. Şimdi kafesteki hayvanlardan daha öfkeliydi, gitmeye karar verdi. Kötü bir şakaydı, hepsi buydu, tıpkı kendi varlığı gibi kötü bir şakaydı bu. Nasıl kapıdan giren bir yabancının problemlerini çözeceğine inanacak kadar aptal olabilmişti? Hemen malikâneyi terk etti. Fantezisi sona ermişti.

Rüzgâra Karşı Uçmak

Sonraki haftalarda, atölyesindeki şilteden nadiren kalktı. Her zaman dünyanın en düzenli insanı olmuştu, şimdiyse kırışık ve kararmış bir gömlek giyiyordu! Bir zamanlar, dünyanın en sevgi dolu eşi ve en mutlu babasıydı fakat şimdi eski bir çuval gibi bir köşeye atılmıştı.

Bir sabah zil çaldı. Yeni bir müşteriydi... "Harekete geçme zamanı" diye düşündü. Ama uzuvları hareketsizdi. Hâlâ yatıyordu, hayata karışmaktan korkuyordu. Kapı tekrar çalındı. Önündeki küçük gümüş emniyet pimine bilinçsizce dokundu, bu babasının ölmeden önce yaptığı bir terzi fetişiydi. Nesilden nesile aktarılan aile işletmesinin sembolüydü. Derin bir nefes alıp, hemen saçlarını ve kıyafetini düzeltmeye çıktı.

Kapıyı açtı, kimse yoktu. Birden şimşek çaktı. Camlar kirli gözyaşlarıyla kaplandı. Damlaların arasından, yürümekte olan bir leyleğin uzun bacaklarını gördü. Çiftliklerde yemek için yetiştirilenler hariç, daha önce Sombría'da bir kuş gördüğünü hatırlamıyordu. Sırılsıklam tüylerini, ucundan su akan geniş gagasını seyretti. Leylek ona doğru döndü ve rüzgâra karşı uçmaya başladı. Rüzgâra karşı, kutsal kuşlar...

"Ama kuş da nereden çıktı?" diye düşündü. Tutulmadan sonra inşa edilen bacalar bütün kuşları yok etmişti. Gerçek olamazdı bu! Halüsinasyon görmeye başladığını düşünerek gözlerini ovaladı. Anne ve babası yaşlandığında onlara bakan bir hayvan olmasından dolayı leylek, eski çağlarda sevecenliği temsil edermiş; aynı zamanda kış mevsiminin bitişini ve mutluluk ve neşe döneminin başlayacağını simgelerdi. Güzel haberler getirmiş olduğunu umarak leyleği takip etmek için harekete geçmişti ki tezgâhın üzerindeki telefon çaldı. Kalbi hızlandı. Telefonu açıp sessizce bekledi. Karşıdaki ses "Gabriel..." dedi. "Orada mısınız?"

Dingin adamın sesini tanıdı.

Ne istiyordu yine bu adam? Gülecek bir palyaço mu lazımdı?

"Geçen gün yeterince açık konuşamadım galiba..." Sükûnetini korumaya karar verdi. "Lütfen beni bir daha rahatsız etmeyin."

"Hemen buraya gelmeniz gerek, hayvanlarınız ölüyor."

Sana Güveniyorum

Sisler içerisindeki malikâneye yaklaştıkça merak etmeden duramadı. "Neden beyni onlara durmasını emrederken ayakları oraya doğru yürümeye devam ediyorlardı?" Son zamanlarda aklındaki hiçbir şey koordineli değildi.

"Çabuk geldiniz..." dedi asistan kapıyı açar açmaz.

Gabriel eşiği sessizce geçip bahçeye çıktı. Görüntü ilk günkünden oldukça farklıydı. Ayı kafesin bir köşesinde neredeyse tamamen dökülmüş olan kendi tüylerinden bir halının üzerinde yatıyordu. Kaplan, acı içinde enfekte olmuş pençelerinin ve yaralı dizlerinin üzerine uzanmıştı. Ejderha ise kataraktтan dolayı körlük yaşıyordu. Birinin geldiğini fark ettiği için kafasını bir sağa bir sola vuruyor fakat kim olduğunu anlayamıyordu.

Asistan acı içinde, "Her gün daha da kötüleşiyorlar" dedi.

Gabriel onlara gerçekten acıyarak baktı. Üçü de çaresizdi... Aynada kendini görüyor gibiydi, tüyleri ürperdi.

"Zayıflamışlar" dedi.

"Problem de bu. Nasıl beslenmeleri gerektiğini bilmiyorum."

"Sahipleri öldüğünden beri bir şey yemediler mi?"

"Yemin ederim her şeyi denedim: Tavuk, sebze, mama fakat ne yaptıysam olmadı. Patronum onlarla şahsen ilgilenirdi, bir gün bu işi yapmak zorunda kalacağımı hiç düşünmemiştim. Onları her zaman rahat bırakırdı, hep huzurluydular ama eminim ki şu kafesleri açtığım an beni hemencecik yok ederlerdi."

"Peki benden ne yapmamı istiyorsun?"

"Sizden istediğim, mirası kabul etmeniz."

"Üç hasta hayvanı kabul etmemi mi istiyorsunuz?"

"Unutmayın, onlar onun en değerli varlıklarıydı. Belki de yalnız kaldıklarında hastalanacaklarını biliyordu. Özellikle de bu yüzden..." Asistan derin bir nefes aldı. "Onları iyileştirebileceğinize inandı."

Konuşma devam ederken, üç hayvan onu takip eder gibi Gabriel'e baktı. Aniden neden bu çağrıya cevap vermesi gerektiğini anlamıştı.

"Bana bir görev verdi..." diye fısıldadı sırtından aşağı bir ürperti inerken.

Uzun zamandır kimse ona güvenmemişti. Kendisi bile. Dingin adam bu hediyenin hayatını sonsuza kadar değiştireceğini söylemişti, bunu şimdi fark ediyordu, sadece eski bir tablo ya da ağız sulandıran bir banka hesabı olamazdı.

Bir görev... Şüphesiz ilham verici bir olaydı. Aniden bu zorlu görevin sonundaki ödülün ne olduğunu anladı. Asıl sorun başarısız olduğunda düşüşünün daha sert olacağıydı.

"Her tür yemeği vermeyi deneyip başarısız olduysan ben ne yapabilirim?"

"Belki de her birinin kökenine uygun ayrı bir yiyeceği vardır" dedi asistan.

"Hâlâ beni patronunun Sombría'ya çok uzaklardan geldiğine inandırmaya mı çalışıyorsun?"

Genç adam, astronomi arşivlerinin bulunduğu salona doğru kendisini takip etmesini söyledi. Üç sepya fotoğrafın asılı olduğu bir duvarın önünde durdu. Fotoğraflardan birinde dingin adam, gümüşten bir gölün yanında bir ayının beline yaslanmıştı. Diğerinde, kaplanın yanında baobap ağaçları ve çizgili kıyafetli yerliler arasında, cesurca poz vermişti. Üçüncüde ise ejderhanın bulutlardan yüksek bir dağın zirvesinden uçmak için atılma anında neşeyle gülümsüyordu.

"İnanamıyorum. Bunları yapabilecek birinin varlığını hayal bile..."

"Tek bildiğim, onları daha fazla burada tutamam" diye sözünü kesti asistan. "Evi kapatacağım ve onların bu kafeslerde çürümesine izin veremem."

"Onları almam gerektiğini mi ima ediyorsun?"

"Onlar sizin."

"Ama benim bile kalacak yerim yok, onları nereye koyarım?"

Eve doğru gelmekte olan bir kamyonun kornasını duydular.

"Acil bir çözüm bulmanız gerek. Çünkü taşıma şirketine haber vermiştim ve sanırım bu gelenler onlar."

Şefkat Çubuğu

Kafesleri kamyonun kasasına yükleyip terzi atölyesine gittiler. Kafesleri arka kapıdan ölçümleri aldığı odaya bağlanan iç avluya taşımaya yardım ettiler. Işık girmesi için kapıyı açtığında odaya bir soğuk dalgası girdi. Onlara orada nasıl bakacaktı? Üç büyük kafes neredeyse bütün yolu işgal etmiş, su giderlerini de kapatmıştı. Komşulardan birinin camdan bakıp bakmadığını kontrol etti. En önemsiz şeyde bile onu uyarırlardı.

"Pek iyi bir yer olmadığını biliyorum ama sizi götürebileceğim başka bir yer yok" dedi hayvanlardan özür diler gibi.

Ayı kafesin kapısına dayanıp homurdanmaya başladı.

"Sakin ol!" Bir skandala yol açmadan onu sakinleştirmeye çalıştı.

Kilidin kırılmasından korkarak fırtınayla gelen bir sopayı alıp parmaklıklara vurdu. Fakat bu hareket otoritesini göstermek yerine işleri daha da kötüleştirdi. Ayı bocalamaya ve kendini parmaklıklara atmaya başladı. Gabriel, garip homurdanmalar çıkaran hayvanın kafesine bir kez daha vurdu. Hasta ve neredeyse tamamen tüysüz olması onu daha korkutucu hale getirmişti. Aceleyle odaya girip kapıyı kapattı.

Kulaklarını tıkayıp kafasını kumaş tomarının altına soktu fakat hâlâ duyuyordu. Birden babasının zor bir müşterisi olduğu bir gün gramofonunu çaldığını hatırladı. Ölçü almaya başlamadan önce açtığı gramofonun melodileri dikiş makinesinin seslerine karışmıştı ve her şey yolunda gitmişti. Gramofonu bulmak için, işin başına geçtiğinden beri açmadığı dolaba doğru yürüdü. Her biri plastik kapakla korunan eski plaklar da vardı. İlk eline geleni aldı, Beethoven'ın piyano sonatıydı. İğne, plağın üzerinde gezmeye başladı ve ilk notalar atölyede uçuştu. Avlunun kapısını açtı fakat ayı müziği duyuyor gibi görünmüyordu. Planının neden işe yaramadığını merak etti. Ön kapağa baktı, yorumcunun isminin yanında "Sonata no 8 Do Minör" yazıyordu, devamındaysa Almanca "çaresiz" kelimesi yer alıyordu.

"Hayatımın fon müziği için harika bir isim!" diye söylendi. Bestecinin imzasının hemen yanında "Bildiğim tek üstünlük göstergesi, nezakettir" sözü yazıyordu.

Hayvana tekrar baktı.

Uzun zamandır kendine nazik olmayı yasaklamıştı. Hatta kendisine karşı anlık bir şefkat beslemekten bile kaçınıyordu. Belki de bu yüzden başkalarına şefkatli olamıyordu. Sopayı yerden aldı, kaldırdı, ayı savunmaya geçince yere attı. Ayının şaşkınlığından faydalanan Gabriel, cebinden çıkardığı kakao çubuğunu kafesin bir köşesine koydu.

"Bunun seni iyileştiremeyeceğini biliyorum ama umarım biraz rahatlamana yardımcı olur" dedi.

Ayı, yüzüne sorgulayan gözlerle baktı fakat burnunu parmaklıklara doğru getirme güdüsüne direnemedi. Kakao çubuğunu pençeleriyle iki ayağının arasına aldı, daha sonra pençelerini parmaklıklara koydu.

Gabriel geri çekildi fakat ayının ona saldırmak istemediğini fark etti. Pençesini ona doğru krema çırpmak ister gibi uzattı.

Böyle bir şey yapma riskini nasıl almıştı?

Hâlâ elinde tuttuğu plağın üzerindeki yazıyı tekrar okudu ve az önce olanları tekrar düşündü.

Bir güç göstergesi olarak şefkat...

Gözlerini kapatıp parmak uçları ayının pençesine değene kadar kolunu yavaşça yukarı kaldırdı. Parmaklarını kırmak yerine, kedi gibi mırladı. Gabriel, hâlâ korku doluydu, cenin pozisyonunda yatıp bir yenidoğan ritmiyle nefes alana dek tüyleri dökülmüş garip tenini tatlı tatlı okşamaya devam etti.

Katlanan Aynaların Önünde Sorular

Ayıyla yaşadığı bu emsalsiz deneyimden sonra, avlusundaki hayvanlara başka gözlerle bakmaya başladı. Onlara yemekle dolu üç kâse hazırladı fakat asistanın da dediği gibi hiçbirine dokunmadılar. Onlara şefkatle yaklaşmaya devam etmek istiyordu ve onları nasıl besleyeceğini bilmediğinden bunu yapmanın tek yolunun geceyi onlarla geçirmek için nemli avludaki kafeslerin yanına bir battaniye atıp orada uyumak olduğunu düşündü. İmkânsız gibi görünmesine rağmen hayvan kilo almaya ve yer yer tekrardan tüylenmeye başlamıştı.

Kâsesine baktı, hâlâ doluydu.

"Bana çaktırmadan orada ne yedin dostum?"

Bu kelimeyi farkında olmadan söylemişti.

Ayı döndü, omurganın altında yeni bir tüy kitlesi vardı.

Gabriel inanamayan gözlerle baktı. Sanki o sırada çıkmaya başlamıştı!

O an bir ses duyar gibi oldu. Atölyenin zilini duyana kadar hareketsizce bekledi.

İçindekileri dökmemeye çalışarak kâseyi dikkatle yere koydu, ellerini bir bezle silip kapıyı açmaya gitti.

Her kimse uzun süre kapıyı çalıp gitmiş olmalıydı çünkü önceki sefer olduğu gibi açtığında kimseyi göremedi.

Başını çıkarıp sokağa baktı. Kafasına birkaç damla yağmur düştü. Sisin içerisinde bir siluet fark etti. Odaklandı. Rüzgârda uçuşan etekleri gördü.

"Küçüğüm..."

Kızıydı. Kalbinde bir sızı hissetti. Günler sonra kızı kapısını çalmıştı.

Bağırmaya yeltendi fakat kelimeler bir türlü ağzından çıkmadı. Eşikte öylece durup kızının sisin içinde kayboluşunu seyretti.

Saçları ve omuzları ıslanmış halde atölyeye geri girdi. Kızgınlıkla ayının kafesine doğru yürüdü ve içini dökmeye başladı.

"Neden dünyada en sevdiğim insanların yüzlerine bakamıyorum?"

Cümleyi kurduğu an sakinleşti. Uzun zamandır içini yakan bu soruyu yüksek sesle dile getirmek istiyordu. Birçok kez aynanın önünde durup bunu yapmak istemişti fakat duyacağı cevaptan hoşlanmayacağını düşünerek vazgeçmişti. Bu soruyu aralarında değişik bir bağ olan ayıya sorunca cevabın o kadar sert olmayacağını düşünmüştü. Ne yazık ki cevap tekti: Kızından uzak duruyordu çünkü başarısızlığı yüzünden kendine işkence etmek istiyordu.

Çatlak ve Çiçek

Bir kaybeden...

En azından kaybettiğini kabullenmişti. Kendini yüzlerce kiloluk bir yükün altından kurtarmıştı. Avlunun nemli duvarına yaslanarak kendini yere bıraktı.

"Hayatta çok başarılı olacağımı düşünmüştüm" dedi ayıya. "Şehrin en prestijli terzisinin oğluydum, en beğenilen takımları giydim, herkesin istediği kadının kalbini fethettim. Ticaret öğrendim ve terziliği gerçekten sevdim. Gerçekten sevdim! Ama babam ölüp de işin başına geçtiğimde her şey başıma yıkıldı. Onun gibi yapmaya çalıştım fakat bir ses gece gündüz bana vurarak 'Beş para etmezsin! Sahtekârın tekisin!' deyip durdu. Babam her zaman kazanan olmuştu, ben de her zaman onun onayını bekledim. Öldükten sonra bile onu memnun edecek hedefler koymaya devam ettim. Ama o kadar ulaşılmaz hedeflerdi ki sonunda tüm hevesimi kaybettim ve işe gelmekten tiksinir oldum." Ellerini yüzüne götürdü. "Başka ne olabilirdi ki? Zincir mağazalar sürekli yeni bir şube açıyorlar ve ben bu harabede sıkışıp kaldım! Bu kadar eski bir dükkânla ne yapmamı bekliyorlar? Yerlerdeki çatlakları görmek için uzun uzun bakmaya gerek bile yok."

Pat...

Pat...

Pat...

Yukarı baktı, bir sızıntı olduğunu fark etti.

"Bir bu eksikti! Artık dayanamıyorum..."

Ayaklarını atölyeye doğru sürükleyip kendini eski püskü şiltenin üzerine attı.

Bütün gün sakin duran ayı, burnunu çatıdaki çatlağa doğru sallayarak kafesi sarsıyor, gürültülü bir şekilde bağırıyordu. Gabriel söylendi:

"Gramofonun sesini bile duymuyordun ama şimdi çatlaktan düşen damlaların sesinden rahatsız oldun. Bir kova bulmaya karar verdi, damlalar hayvanların yemeklerine düşüyordu. Bir an duraksadıktan sonra dizlerinin üzerine çöktü, bir köşede toz içinde bekleyen bir karton kutu buldu. Düşünceli bir şekilde kutuya baktı. İçerisinde evden ayrılırken yanına alabildiği yegâne iki eşya vardı. Kutuyu açamazdı.

Pat...

Pat...

Pat...

Ve bir kükreme daha.

Koli bandını bir bandajı sıyırır gibi sıyırdı, içinde taşlaşmış bir toprağın bulunduğu çiçek saksısını çıkardı. Bir yıl önce kızı bilim dersi için bir proje yapmak istemişti ve aklına bir bitki yetiştirmekten daha iyi bir fikir gelmemişti. Herkes ona gülmüştü. Küçük kız er ya da geç saksısında bir bitkinin çıkacağını söyleyerek ağlamış, ağlamıştı. Fakat öğretmeni kızı saksısıyla evine geri göndermişti. Zavallı kız... Kimse ona tutulmanın bitki krallığına iyi gelmediğini ona açıklamamıştı.

Gabriel avluya dönüp saksıyı sızıntının altına koydu. Taş gibi kuru toprağın suyu absorbe edeceğini düşünmüştü. Biraz zaman geçtikten sonra gördüğü şey karşısında kafası karışmıştı. Saksının ortasında bir çiçek vardı. Küçük tatlı bir papatyaydı bu, gövdesindeki yaprakları bile çıkmıştı.

Tavandaki çatlağa baktı. Sonra avlu kapısından kendisine dikkatle bakan ayıya dönüp, "Hayat da filtrelerden süzülür..." dedi. Cümleyi bitiremeden sihirli bir değnek değmişçesine atölyeyi bambaşka gözlerle görmeye başladı. Çatlaklar vardı, evet. Ama o çatlakların, tıpkı girişteki asıl ahşap döşemeleri gibi, orayı eşsiz yaptıklarını anladı. Yeni açılan yerler gibi modern değildi, genç ve dinamik satış ekipleri ve modelleri de yoktu ama eşsizdi. Bunu kim inkâr edebilirdi? Sombría'da bir çiçeğin dünyaya geldiği başka bir yer bilmiyordu.

Ben Eşsizim

Yeni bir şey keşfetmiş gibi bütün gün gözünü çatlak tavandan ayırmadı.

Atölye eşsizdi. Böyle düşünmek o kadar güzeldi ki... Eski değildi. Klasikti. Hikâyeleri vardı; oradan geçen bütün müşterilerin anlattığı hikâyeleri. Her çatlak ağacın gövdesindeki bir halkaydı, geyiğin boynuzundaki bir boğumdu. Her çatlak yaşamın bir çığlığıydı. Düşüncelerini ayı ile paylaşmak için avlunun kapısına döndü:

"Ne kadar yanılmışım! Bu terzi atölyesini olduğu gibi sevmeliyim. Burası kendine özgü bir yer, burası gibi bir yer daha yok! Tamam bir kat boyaya ihtiyacı var ve birkaç kusuru tamir etmeliyim ama önemli olan geçmiş zamanların atmosferi." Derin bir nefes aldı. "Hiçbir tasarımcı, bütçesi ne kadar olursa olsun, mekânında bu kokuyu yakalayamaz."

Derin bir nefes daha alıp kollarını gol atmış bir çocuk gibi, zafer kazanmışçasına kaldırdı. Ne kurtuluş ama! Kendini, her dünyayı öğrenen, her adımda büyülenen, zincirleri olmadan keşfeden küçük bir çocuk, mesela kızı gibi hissediyordu.

"Teşekkürler kızım!" diye bağırdı. "En kuru toprağın bile bir çiçek büyütebileceğine inandığın için! Heyecanının güneşle eşdeğer bir enerji kaynağı olduğuna inandığın için!"

Gurur duydu. Bu küçük kız ona büyük bir ders vermişti: Yaratmak için önce inanmalısın.

Onu aramaya çıkıp sıkıca sarılmayı düşünüyordu ki ayı dikkatini çekti.

Tüylü pençelerini parmaklıkların arasından sarkıtmıştı. Gabriel bu kez okşanmak istemediğini fark etti.

İstediği...

Ona sarılmasını mı istiyordu?

Korktu. Belki tüyleri olsaydı sarılırdı. Boynunda tüylü yumuşak bir kolu kim sevmezdi ki? Ama bu halde sarılma fikri tüyler ürperticiydi. Fark etmemiş gibi odaya yürüdü. Odaya girerken aynadaki yansımasını görünce büyük bir şoka uğradı. O da ayı kadar zavallı durumdaydı. Garip bir kötülük ayının postunu kaybetmesine sebep olmuştu; başka bir tür kötülük de kendisinin giysilerini kaybetmesine sebep oluyordu. Kendisini sevmemişti, kendisine saygı duymamıştı, kendisine merhamet göstermemişti ve dilenci gibi giyinme noktasına varacak kadar kendini terk etmişti.

Ayıya baktı.

"Buradan bir bilge olduğun kanısına varıyorum. Kendim bunu yapamazken kızımdan bana sarılmasını nasıl beklerim ki?"

Ayı homurdandı.

"Tıpkı atölyem gibi, ben de çatlaklarla doluyum. Tamamen kapanmaları için güçlü fırça darbeleri gerekiyor." Ayı tekrar homurdandı. "Ama bu çatlaklar öyle kusursuz ki." Cesaretlenmişti, devam etti:

"Meziyetlerim gibi beni eşsiz yapıyorlar. Ben eşsizim."

Tam o sırada içindeki ses onu rahatsız etmeye başladı:

"Böyle düşünmene sebep olan nedir?"

"Kim olduğunu sanıyorsun?"

"Sen bir beceriksizsin, bir başarısızlık örneğisin."

Her zamanki gibi çöktü. Ama çiçek açan saksıyı görünce tekrar etti:

"Ben eşsizim. Sisin içinde kaybolan o küçük kızı yapacak kadar eşsizim!"

Ayı yeri titretecek kadar derin ve güçlü bir şekilde son bir kez homurdandı.

Kelimelerin Gücü

Gabriel gözlerini kapatıp birkaç kez derin nefes aldı ve şu cümleyi kurdu:

"Bir daha asla!"

Bir daha asla kafasının içindeki sesin ona işkence etmesine izin vermeyecekti. Kafasındaki ses onun sadece küçük bir kısmı hakkında konuşuyordu. İşin kötü tarafı, bu ses hoşlanmadığı bu küçük kötü yanını değiştirmesi için cesaretlendirmek yerine, onu acımasızca eleştiriyor ve eleştiriyor, bu küçük kötü yanın onu ele geçirmesi için çabalıyordu. Bu hiç adil değildi. Buna izin veremezdi! Küçük bir çatlağın bütün ışığını alıp onu karanlığa gömmesine izin veremezdi.

Gramofona doğru yürüdü, üzerinde "çaresiz" yazan plağı aldı ve "Bu sıfatı bir daha asla kullanmayacağım" dedi. Kelimelerin gücünün farkına varmıştı. Uzun zamandır kendine "başarısız" diyordu ve gerçekten başarısız olduğuna kendini inandırmıştı. Tekrar plakları karıştırdı, Beethoven'ın "Appassionata" (Tutkulu) adlı 23 numaralı sonesini seçti.

O andan itibaren duyduğu tek melodi buydu; hevesin, tutkunun melodisi. Kelimelerin yıkıcı bir gücü vardı ama aynı zamanda kelimeler insanı özgürleştiriyorlardı. Bir kelime özgürlüğü çekip alabilir. (Kim bilir Sombría'da kaç kişi "seni sevmiyorum" cümlesini duymak yerine intihar ederdi...) Fakat aynı zamanda geri verebilirdi de.

İğneyi plağın yivlerine yerleştirdi ve atölye, sanatçının sağırlığı artık tedavi edilemeyecek noktadayken bestelediği melodinin duyguları ile doldu. Beethoven "Appassionata" ismiyle kendini de motive etmek istemişti. Sağır olmasına rağmen hâlâ müzik icra edebileceğine inanmıştı. Çatlaklarından müziğin sesi daha güzel geliyordu.

"Kendi dudaklarım bariyerlerin en yükseğini kurarken hayatımdaki bir hedefe ulaşabilmeyi nasıl düşünmüşüm? Şu andan itibaren kullanacağım bütün kelimelerin bir ışığı olacak. Belki Sombría'nın güneşi sonsuza kadar tutuldu ama ben kızımı seviyorum, bizim için ışıldayacağım."

Üşüdüğünde Seni Saracağım

Şarkının son akorları art arda top atışları gibi yankılanırken Gabriel atölyesini bütün çatlaklarına rağmen sevmesi gerektiğini anlamıştı. Her şeyden önce kendini sevmeliydi. Ancak o zaman başkalarını da sevebilirdi... Ve onların kendisini sevmelerine izin verebilirdi.

Bunun farkına vardığı andan itibaren içinde uyumakta olan duygular uyandı. Karton kutuyu şöyle bir süzdü ve düğün gününe ait bir fotoğrafa baktı. Fotoğrafı göstermek için ayıya döndü.

"Görüyor musun, ne kadar güzel."

Hayvan kafasını arkaya attı.

"Evet, evet karımın delirdiğimi düşündüğünü biliyorum, kesinlikle öyleyim! Ama karıma değil, giydiğim şu takıma bak. Nasıl bu kadar mükemmel dikilmiş? Bu benim kendime diktiğim ilk takımdı... Aynı zamanda son çünkü düğünden sonra her yaptığımı yargılayan babamla çalışmaya başladım. Eşsiz olmam gerektiğinin farkına varmadan en iyi olmak için ne gerekiyorsa yaptım. Kendim olmak... Çatlaklarım ve başarılarımla. Bundan sonra böyle olacağım! Kendime inanacak ve bu zamana kadar gördüğün en harika takım elbiseyi dikeceğim."

Dingin adamın kelimelerini hatırladı:

"Yalnızca şık olmak istiyorum." Onu tabutun içinde gördüğü anı tekrardan acı duyarak yaşadı ve "Ben de karım için şık olacağım, tıpkı ilk tanıştığımızdaki gibi" dedi.

Ayı yumuşakça homurdandı ve rahatladı. Sokaktaki sis avluya dolmuştu, adeta kemiklerine işliyordu.

"Sen de üşüdün değil mi?"

Gecenin bir yarısı karısı ve kızı çoktan uyumuşlarken eve gittiği günleri hatırladı. Küçük kızın yatağının başına gider, soğuktan tüyleri diken diken olmuş kollarının üzerine battaniyeyi örterdi. Şimdi işi olmamasına rağmen atölyede kalmasının sebebinin her şeyin yolunda gittiğini düşünmek için olduğunu anlıyordu. Yardım istemek yerine, acısını bastırıyordu. En çok istediği şey yanına kıvrılıp yatmaktı fakat kızının uyanıp onu kötü bir baba olmakla suçlamasından, ondan utandığını söylemesinden korktuğu için tıpkı şehir gibi her gece daha da siyahlaşan salonda uyuyordu.

Önceki gece üzerinde uyuyup avlunun bir köşesine fırlattığı battaniyesini aldı. Bir an durdu.

"Belki de bundan pişmanlık duyacağım ama..."

Kafesin kapısını açıp yavaşça içeri girdi. Ayı hiçbir şaşkınlık ibaresi göstermeden bir keşiş edasıyla onu izledi. Gabriel yutkundu ve ayının tüyleri dökülmüş kollarına battaniyeyi örttü.

Ayı ona sırtını dönmedi.

Ayı hiçbir şey için onu suçlamadı.

Ayı ondan utanmadı.

Yanına kıvrıldı.

Ayıyla Kucaklaşma

Ayıya sarılmış halde uyandı.

Uyku sersemliğiyle battaniyenin toprak içinde olduğunu gördü. Hissettiği bu yumuşaklık ne olabilirdi?

Ayıyı uyandırmamaya çalışarak kolunun altından çıktı.

Arkadaşı iyileşmiş, tüm vücudu tüylenmişti.

İçinde bir tatminkârlık kıpırdaması hissetti. Dingin adam onunla gurur duyuyor olmalıydı. Hayvanlarından birini nasıl besleyeceğini öğrenmişti. Ona sarılabilmek için önce kendine sarılmalıydı! Ayı, yumuşak bebek nefes alışıyla "Kendine şefkat göster ki başkalarına da gösterebilesin" diyordu. "Kendini olduğun gibi kabullen ki komşunu da anlayabilesin; kendine karşı cömert ol ki dünyaya karşı da cömert olabilesin. Kısacası kendini sev ki başkalarını da sevebilesin."

Dingin adam "Hayatını sonsuza kadar değiştirecek bir şeyim var" demişti. Daha doğru söyleyemezdi. Bu ayı hayatını tamamen değiştirmişti.

Yerde yatan dev pelüşten gözlerini ayırmadan yavaşça geri geri yürüdü. Kafesin kapısını açık bırakıp atölyeye yürüdü. Bir an önce dilenci görüntüsünü geride bırakacak yeni takımını yapıp karısına ve kızına koşmak istiyordu. Ama dikiş makinesine o kadar nadir oturmuştu ki oldukça zorlandı.

Kendi boyuna uygun tek bir kumaşı bile yoktu.

Kendisine ve işine inanmayı bıraktığından nasıl davranması gerektiğini bilmiyordu. İşini herkesten iyi yapmak, daha doğrusu kendine özgü yapmak için, kumaş topları almaya, astarı kesmeye, pantolonların paçalarına payanda koymaya ve gömleklere baş harf işlemeye başladı. Yaptığı işten keyif almamaya başlayınca kendini yerdeki şiltenin üzerine bıraktı.

Arkasında bir nefes sesi duydu.

Döndü ve kapıda ayıyı gördü.

"Bakın kim buradaymış! Muhtemelen düzgün kumaşım kalmadığı için tekrar karamsarlaştığımı fark ettin ve beni rahatlatmaya geldin."

Başını okşadı.

"Teşekkür ederim dostum ama bu kez bana yardım edemezsin. Tedarikçilerimi bana ellerindeki en iyi kumaşlardan birer top vermek için ikna edemeyeceğine göre..."

Ayı burnunu masaya koydu, bir düğmeyi masanın ucuna kadar getirip düşürmeden dengede tuttu. Düğmeyi sektirip bir yastığa saplanmış iğneye geçirdi.

"Bunu yapmayı nereden öğrendin? Eminim dünyada bunu yapabilecek kimse yoktur!

Hiç kimse...

Birden hayatına dahil ettiği bir özdeyişi hatırladı:

"En iyisi olmak için hırslanma, önemli olan seni eşsiz yapan şeyi keşfetmek."

Büyük bir hata yapmak üzere olduğunu anladı. Önemli olan tedarikçilerinin sağlayacağı kumaşlar arasında en iyisini bulmak değildi. Kimsede olmayan, Sombría'daki hiçbir mağazada bulunmayan bir kumaş bulmalıydı.

Ama nasıl?

Bir kükreme duydu.

Ayıya baktı, "ben değildim" der gibi kafasını sallıyordu.

Taşımacılar onu bıraktıklarından beri aynı yerde duran kafesinde yatan kaplan güçlü bacaklarını esnetiyordu.

Bir Parça Zarafet

Birbirlerine baktılar. Ayıyı iyileştiren duyguların kaplana etki etmediği açıktı. Tabanları ve tırnakları hâlâ enfekte durumdaydı, ayakta durdukça tarif edilemez acılar verdikleri kesindi.

Ejderha ise kanatlarını yandaki kafesin parmaklıklarına doğru açarak ilgisini gösterdi. Kataraktı zamanla daha da kötüleşmiş, onu tamamen körleştirmişti.

Dingin adamın asistanının "Aslında üç hediye bir arada" cümlesini hatırladı. Şimdiye kadar paketteki diğer iki hediyeyi unuttuğu için suçluluk duydu. Astronomun kendisi de ayıdan bir kucak, kaplandan bir pençe ve ejderhadan bir bakış aldığında her şeyin yoluna gireceğini söylemişti.

Şimdilik ayıyla sarılmıştı, her ne kadar olağanüstü bir olay olsa da yetersizdi. Karısına ve kızına sadece sevgisini sunamazdı. Her gün yemek yemek zorundaydılar ve bunun için de atölyesini batmaktan kurtarması ve eşsiz kumaşlar bulması gerekliydi. Çözümün ne olduğundan emindi. Bilmeceyi tekrar düşündü.

"Kaplandan bir pençe ve ejderhadan bir bakış demekle neyi kastetmiş olabilir?" dedi ve gökyüzüne baktı.

Kaplan bu kez gök gürültüsü gibi güçlü ve yüksek bir sesle kükredi ve hasta bacağını yaladı. Gabriel, o zamana kadar yapmadığı bir şey yapıp kafesin parmaklıklarına dayandı.

"Eminim çok canın yanıyordur" dedi.

Artık duygularını göstermekten çekinmediğinden onu sevmek için elini uzattı. Kaplan havaya doğru ısırma hareketi yaparak kolunu geri çekmesine sebep oldu. Ayıya yaptığından farklı bir şekilde yaklaşması gerektiği ortadaydı. Korkmadan kaplanı süzmeye devam etti. Böyle davranmasının sebebinin hastalığı olduğuna inanmak istiyordu.

"Senin için ne yapabilirim?" diye sordu şefkatle.

Kaplan burnuyla kafesin kilidini gösterdi. Onu özgür bırakmasını istiyordu, ayının davranışını gördükten sonra mantıklı bir fikirdi bu. Gabriel birkaç saniye düşündü, arkadaşıyla kavga etmemesi için dua ederek kapıyı açtı.

Kaplan gerginlikle yere atladı, kafeste kilitli kalmasının öfkesini atmak için kafasını sağa sola çevirmeye ve boşluğu ısırmaya devam etti. Gabriel hâlâ kendine saldırmayacağından emindi... Ve saldırmasa iyi olurdu çünkü kafeste kilitli değilken daha etkileyici bir görünüş sergiliyordu. Avlunun her köşesini kokladıktan sonra atölyeye girip parkelerin verniklerinde kayarak giriş kapısına koştu.

"Dikkat et!" diye bağırdı. "Mankenleri düşüreceksin!"

Ama kaplan delirmişti. Sokak kapısına ulaştığında, aynı hızla avluya dönüp Gabriel'in etrafında dönmeye başladı, onu takip etmesini istiyordu.

"Nereye gitmek istiyorsun dostum?"

Bu cümleyi kurar kurmaz, dingin adamın evinde gördüğü fotoğrafı hatırladı. Hayvanın getirildiği yerde çekilmiş olmalıydı. Baobap ağaçları ve çizgili, siyah puanlı gri elbiseler giymiş yerlilerin olduğu bir çeşit ormandı burası.

Çizgiler...

Puanlar...

Bir karınca ordusu midesinde harekete geçti.

Yıllarca kendi çizgisinde giysiler tasarlamak istemişti. Puanlı kravatlar, çizgili şallar, puanlı gömlekler ve çizgili şapkalar düşünmüştü. Bir parça zarafet! Aile işinin başına geçip batırmadan önce, öğrenciyken yaptığı riskli tasarımları hatırladı. Kendine inanmadığı için hayata geçiremediği tasarımları...

O kumaşları bulmak için fotoğraftaki yere gitmeliydi! Eşsiz bir tür olduğuna şüphe yoktu. Sombría'daki tüm giysiler gri olması gerektiğinden, en azından bu siyah çizgilerle terziliğinin diğer mağazalardan farkını böyle ortaya koyabilirdi. Müşteriler tekrar tekrar kapısını çalabilirlerdi...

"Appassionata!"

Sone tekrar yankılanmaya başladı.

Şimdi Harekete Geç, Şimdi Yaşa

Plan gayet idealdi... Bu kumaşları bulmak için Sombría'dan uzağa gidecekti.

Dondurucu bir rüzgâr avluya doldu.

Uzaklara...

Var olmayan topraklara...

Ne haberlerde gördüğü ne de okulda okuduğu topraklara...

Tatlı tatlı onu izleyen ayıya baktı.

"Belki doğru zamanı beklemek daha iyidir" dedi. Bu kadar önemli bir adım atmak için önce şartların olgunlaşmasını beklemek sence de daha doğru olmaz mı? Kim bilir Sombría'nın ışıklarını arkamda bırakıp yola çıktığımda beni neler bekliyor olacak... İşlerin biraz daha yoluna girmesini beklemeliyim. Tutulmanın sonu bir gün mutlaka gelecek...

Daha lafını bitiremeden her adımda çektiği keskin acıya rağmen hâlâ etrafında dönen kaplan, Gabriel'i paçalarından tutarak caddeye sürükledi.

Calle.

"Sakin ol dostum!" diye bağırdı Gabriel kapıya tutunarak. "Söz veriyorum bir gün gideceğiz ama şu an olmaz!"

O sırada dingin adamla tanıştıkları gün söylediği bir cümle aklına geldi:

"Hayat şu andır. Kumaşların dokunuşu, kalbimizin her bir atışıdır."

Doğruydu. Hayat durup beklemezdi ve tam şu an olanlar hayatın ta kendisiydi. Hayatla ne yapacağı, Gabriel'in sorumluluğuydu. Yaşam birçok kişinin inandığının aksine, bir hak değil, zorunluluktu. Yol almak zorundaydı. Şartlar her gün bin adım atmasına elverişliyse, her gün bin adım atmalıydı. Bin günde sadece bir adım atmaya elverişliyse, bin günde bir adım atmak yeterliydi. Ama durum ne olursa olsun, o adımı şu an atmalıydı.

Var olan, yalnızca şu andı.

Yıldızların kendi kendilerine yanmalarını bekleyemezdi. Gerekiyorsa o yakmalıydı. Ayıyla kucaklaştığına göre, sırada kaplanın pençesi ve ejderhanın bakışı vardı. Dingin adamın bu cümleyle ne ifade ettiğinden tam olarak emin değildi ama anlamanın tek yolu yürümeye başlamaktı. Bir adım, ikincisini getirirdi, ikinci adım diğerlerini.

Kaplan, Gabriel'in reaksiyon gösterdiğini fark ederek paçalarını bırakıp gözlerini ona dikti. Turuncu siyah tüyleri tutulmadan önceki günbatımları gibiydi, aynı zamanda eşsiz bir kumaştı. Kim ondan daha iyi rehberlik yapabilirdi ki?

"Yolu hatırlayabilecek misin?" diye sordu alaycı bir şekilde.

Ve cevap olarak dünyanın en yüksek sesli kükremelerinden birini aldı.

Dev hayvanına göz kırptı.

"Sen de bana eşlik edeceksin değil mi?" dedi ve ellerini kaplana uzattı. "Cevaplamak zorunda değilsin. Seninle bir daha asla ayrılmayacağımızı biliyorum. Ama zavallı ejderhayı yalnız bırakamayız, kafasını oraya buraya çarpmaktan deliye döner. Üçünüz de bana eşlik edeceksiniz!" Yapmak üzere olduğu şeyin farkına varmaya başlamıştı. "Daha iyi takım arkadaşlarını nereden bulacaktım? Sizler, tıpkı dingin adamın yaptığı gibi daha uzağa gidilebileceğinin kanıtlarısınız. O, yıldızları gözlemleyebileceği bir yer arıyordu. Şimdi sıra benimkinin peşinden gitmekte. Geri dönmek yok. Kendini sevmek aynı zamanda kendin olmaya cesaret etmektir." Çatlaklarına sarıldı ve çatlakları da ona daha ileri gitme şansını sundu.

Hâlâ kilitli duran ejderhanın kafesini açtı.

Böyle bir hayvanın tepkisini hesaba katmamıştı.

Kataraktın yol açtığı körlükle birkaç kez duvarlara çarptıktan sonra ağzından ateş topları çıkarmaya başladı ve avlu bir anda duman içinde kaldı.

Gabriel, rehberlik etmesi için kollarını hızlıca sallayarak sıranın önüne koymuştu. Bu dev tüy yumağının iyileştikten sonra tek düşündüğü sürekli sevgisini göstermekti. Bunu yapmanın en iyi şekli de sürekli alevler çıkararak oradan oraya uçmaya çabalayan görme özürlü arkadaşına rehberlik etmekti.

Kaplan, gergin bir şekilde nefes alıp vererek ön kapıda duruyordu. Kapıyı kaydırarak caddeye fırladı, diğer ikisi de onu takip ettiler. Çamurlardaki suları, sisi kokladılar. Gabriel, kapıyı iki defa kilitledikten sonra eğilip yanına bir şey bıraktı. Kızı gelirse görsün diye tek papatyanın açtığı saksıyı koymuştu.

KAPLAN

Haritaların Ötesi

Sombría'nın kasvetli bozkırında, haritaların ötesinde bir yere doğru yürümeye başladılar. Gabriel içinde bir reaksiyon zinciri fark etti, serbest nötronlar midesinden gözlerine kadar çıkıyorlardı. Tek hedefi fotoğrafta gördüğü yere varmaktı. Gabriel için daha iyi bir haber olamazdı. Bu eşsiz kumaşları alabilmek için tek yapması gereken kaplanı takip etmekti.

Arkalarından gelen ejderhanın sesini takip ederek gruptan ayrılmaması için sürekli homurdanıyordu. Körlükten dolayı uçamadığından paytak paytak yürüyordu. Ara sıra kanatlarını çırpmaya çalıştığında etrafa çamur sıçratıyordu.

Gabriel, sıranın bozulmadığından emin olmak için arkasına döndüğünde Sombría'nın ışıklarını gördü. İçindeki ses, nemli kıyafette fırsatı kaçırmayan küf gibi boşluğundan faydalanıp konuşmaya başlamıştı. "Nereye gittiğini sanıyorsun?" Ama kendine olan inancı kırılmadı. Birkaç gün önce beynine beyzbol sopasıyla vurur gibi vuran kötü düşünceleri defetmek için Appassionata'nın notalarını mırıldanması yeterliydi. Ayı içten iyileşince Gabriel dışarıdaki her şeyi daha net görmeye başlamıştı.

Sonunda Sombría'nın güzel değil, sadece bildiği bir yer olduğunu anlamıştı. Orada yaşayanlar bunu canlarını dişlerine takarak savunurlardı fakat orada mutlu oldukları için değil, hayatlarındaki alıştıkları şeylerin değişecek olması korkusundan. Kötü yaşıyorlardı ve bunu biliyorlardı. Fakat bilinmeyenle yüzleşmek yerine bu kötü durumun onları yiyip bitirmesini tercih ediyorlardı. Yolda giderken iliklerine kadar ıslanmak güzel bir şey değildi ama en azından ne olduğunu biliyorlardı, bu yüzden bağırsakları bozulsa da bunu kabullenmişlerdi. Yolda giderken çamurlara batmak güzel bir şey değildi ama en azından ne olduğunu biliyorlardı. Bu yüzden çoraplarındaki su derilerini çürütse de bunu kabullenmişlerdi. Durduğunu gören ayı, büyük, tüylü vücuduyla sırtını okşamak için yaklaştı.

"Endişelenme dostum, her zamankinden çok daha iyi hissediyorum kendimi. Sen ejderhaya yardım etmeye bak."

Kaplan, yürümeye devam etmeleri için kükreyip ağzından salyalar çıkararak kafasını salladı. Birkaç adım ötede onu neyin beklediğini bildiği için bu kadar heyecanlı olması normaldi. Bozkır, altın renginde büyük bir alana bağlanıyordu.

Sombría'nın sınırına gelmişlerdi.

Başımın Üzerindeki Güneş

Gabriel büyülenmişti, hiç böyle bir şey görmemişti. Var olmayan dünya öyle parlaktı ki gözlerini kısmadan bakamıyordu. İki dünyayı ayıran çizgide diz çökmüştü. Çizginin diğer tarafına dokunmak için elini uzattı ve aynı hızda geri çekti. Çok sıcak bir kumdu. Atölyedeki fırını bile bu kadar yüksek sıcaklığa erişemezdi.

Elini tekrar yaklaştırdı. İlk şoku atlattıktan sonra, parmaklarının arasından taneciklerin kayması keyifli bile gelmişti. Ayağa kalktı, gözlerini ufukta kaybolan geniş çölden bir an bile ayırmadan derin bir nefes aldı.

"Haydi, oraya gidelim" dedi.

Sağ bacağını esnetti ve ayağını oraya atıp vücudunun yarısı çizginin gerisinde kalacak şekilde durdu. Kum tarafından yutulmadığını gördüğünde sol ayağını da çizginin diğer tarafına koydu.

Artık geri dönüş yoktu.

Ama korku da yoktu.

Bir mucize yaşıyordu.

Böyle bir hakarete ceza olarak kaşlarını çatıp başına bir yıldırım düşmesini bekledi. Ama hissedebildiği tek şey tepesindeki güneşti.

Yukarı baktı ve yüzüne tam oturmayan bir gülümseme çizdi. Sombría'nın birkaç metre ötesinde olmasına rağmen burada tüm ihtişamıyla güneşi görebiliyordu. Güneş ışınları kumu altından bir toza dönüştürüyordu. Burnunu da yakıyorlardı ama onun içinden gelen tek şey keyiften gülmek ve ağlamaktı.

"Nasıl oluyor da kimse bu sınırı geçmiyor?" diye bağırdı onu dikkatle izleyen hayvanlarına dönerek. "Olmayan dünya hiçbir risk teşkil etmiyor! Sadece bilinmiyor, o kadar. Panayırlardaki trene benziyor. Neyi kastettiğimi anlıyor musunuz? Tünele girer, çok korkarsınız çünkü içeride ne olduğunu bilmiyorsunuzdur, sonra olabilecek en kötü şeyin başınıza çalı süpürgesiyle vuran bir cadı olduğunu görürsünüz."

Kaplan kükredi, gözlerini kısıp ağzını buruşturdu. Gabriel, bu hareketin onunla gurur duyduğunu söyleme yolu olduğunu düşünmek istedi. Kaplanı yorgunluk ve korku bilmeyen bir savaşçıydı. Daha doğrusu, o anda olduğu gibi, Gabriel'in kaderine doğru yürümeye devam etmeleri için kararlı ve istikrarlı bir biçimde onları yüreklendiriyordu. Onu ele geçiren hastalığa rağmen, asil bir şekilde çöle girme cesaretini gösteren ilk o olmuştu.

Etrafını saran duygulu havayı soluyan ejderha birkaç kez kanat çırparak yükseldi fakat çok geçmeden düşerek kafası kuma gömüldü.

Ayı, kükreyip ayağa kalkmasına yardım etti. Gabriel'in önüne geçip çak hareketini yapması için elini kaldırdı. Terzinin eli, ayının pençesine karşı. Çok şanslı hissetti kendini. Sombría'daki herkesin büyük pelüş bir ayısı ve hedeflerine ulaşmaları için onları iten bir kaplanları olsaydı, bu sınırda kilometrelerce sıra oluştururlardı. Bu şans vuruşu "Bahane yok" cümlesini de aydınlatmıştı. Kedinin arkasından yürümeye başladı. Tıpkı dingin adamın öğütlediği gibi "adım adım", "ilmek ilmek". Geleceği örmenin tek yolu bu öğüdü dinlemekti.

Opak Sızlanma Gözlükleri

Günlerce, gecelerce kumda yürüdüler. Tıpkı kliplerde olduğu gibi, o sanki yerinde duruyor, dekor hareket ediyordu. Kum tepecikleri hayat gibi her dakika değişiyor, yeni formlara giriyorlardı.

Kaplanın cesareti ve azmiyle büyülenmişti. Bir yandan bacaklarındaki berbat yaraları onu öldürürken, hastalığına rağmen her şeyi yapabilecek kapasitede olduğunu görüyordu.

Yakınmaya başladı. Ertesi gün biraz daha fazla yakındı. Sonra öyle bir an geldi ki yakınmadığı tek bir dakika bile olmadı.

"Bunun ne kadar zor olacağını bana hiç söylemedin" dedi fırlatıldığı yıldıza giden bir roket gibi korkusuzca yürüyen kaplana. "İyi gittiğimizi biliyorum ama Sombría'dan ayrıldığımızdan beri ne kadar süre geçtiğini hesaplayamıyorum artık ve gördüğüm tek şey kum tepecikleri ve daha çok kum tepecikleri."

Ayı, ilk gün yaptığı gibi bacağını tutarak ona destek ve yardım önerdi. Gabriel, kediye zayıf görünmek istemediği için reddedip yalnız yürümeye ver her konuda yakınmaya devam etti. Yaralardan. Sıcaktan. Susuzluktan ve yemek sıkıntısından.

Boynunda taşıdığı çantasına çıkmadan önce koyduğu birkaç şişe portakal suyu ve bir avuç portakalla hayatta kalmıştı. Kızının son kez atölyede piknik yaptığı günden beri buzdolabında bekliyorlardı, bu yüzden son kullanma tarihlerine bakmamayı tercih etmişti. Her ısırığında hayvanlara da teklif ediyordu fakat onlar meyve ve bitki kokusu aramaya devam ediyorlardı. Ayının tüyleri hiç olmadığı kadar parlaktı ve kilosu yerindeydi. Ama diğer ikisi onu endişelendiriyorlardı. Kaplan cesaret doluydu fakat her adım atışında canı kırık camlar üzerinde yürür gibi yanıyordu.

Bir gece elini çantasına attı ve çikolataların bittiğini fark etti. Bir insanın yemek yemeden ne kadar dayanabileceğini düşünüyordu ki asıl hayal kırıklığını, yalnızca yarı dolu bir şişe portakal suyunun kaldığını fark ettiğinde yaşadı.

Son damlaları içti.

Son bir damla daha...

Ve bitti.

Başı yana eğilmiş yıldızlara bakarken, "Çok sevgili astronom, umarım bu konuyu da düşünmüşsündür. Aksi takdirde beni oralardan bir an önce görsen iyi olacak..." dedi.

Boş şişeyi havaya atıp tutmaya çalıştı fakat şişe gruptan ayrı bir yerde kıvrılmış kaplanın pençesine düştü.

Gabriel sarılmak için ona doğru koştu:

"Özür dilerim dostum. Yaptığım aptalca bir şeydi..." dedi.

Kaplan keskin dişlerini göstererek şişeyi üzerinden atmak için kımıldandı. Terzi onu yatıştırmak için biraz daha yaklaştı. Hayvanının asla ona zarar vermeyeceğine inanıyordu fakat onunla iletişime geçmenin bir yolunu bulmalıydı. O, daha ilk dakikadan sarılmak isteyen ayı gibi değildi.

Bacağını yalarken, Gabriel daha yakından bakma şansı buldu. Enfeksiyonu umarsızca ilerlemişti ve buna rağmen tek bir ağlama bile duymamıştı. Yakınmanın, felaketlerin boyutuyla hiçbir ilgisi olmadığı, asıl önemli olanın onlarla nasıl başa çıkılacağını bilmek olduğu açıktı.

"Gruptan beni duymamak için ayrıldın" diye mırıldandı.

Doğruydu. Kaplanının aksine, acıklı şarkısıyla arkadaşlarını sıkmıştı. Sürekli yakınmıştı. Yaralardan, sıcaktan, susuzluktan, yemek azlığından... Bu sonuncusu gerçekten tedirgin ediciydi fakat şikâyet ederken sorunu çözmek için herhangi bir girişimde bulunmuyordu. Mızmızlanması, dünyanın ona durumu değiştirmek için sunduğu fırsatları görmesine engel olmuştu...

Opak yakınma gözlüklerini çıkardığında, yıldızların ışığında daha önce hiç görmediği bir şey fark etti.

Yıldız Kayması

"Bu kaktüs nereden geldi?" diye bağırdı.

Serap görmüyordu. Tam burunlarının önündeydi, karanlıkta el bir el silueti, dolgun parmaklarını gökyüzüne doğru açmıştı.

Sombría'nın dışında hayat olduğunun ilk göstergesiydi bu! İçindeki tüm heyecanla duygularını ifade etmek için ona sarılmayı istedi fakat kaktüsün iğneleri atölyesindeki yüzlerce iğneden daha can yakıcıydı.

Heyecanı makul bir seviyeye geldiğinde, gücünü toplayıp yürümeye devam etmek için geri çekildiği sırada kayan bir yıldız ilgisini çekti. Bir yanılsama mıydı? Aptalca gibi gelse de kaplana sordu:

"Sen ne yapardın?"

Çantasından makasını çıkardı, bir tiyatro dekoru gibi duran bitkinin kuru gövdesinde küçük bir yarık açtı.

"Evet!" diye bağırdı.

Bu kaktüs sadece düşmanca bir ortamda hayatta kalmamıştı. Yere güçlü bir demir atmış, büyük bir su deposu haline gelmişti. Bu dikenli kötü şans için yakınarak ölmek yerine, her zorluğu bir büyüme fırsatına dönüştürmüştü.

Makası bu kez daha hızlı bir şekilde gövdeye sabitleyerek şişeyi almak için eğildi. Şişeyi tamamen doldurup kana kana içtikten sonra hayvanlarına da içmek isteyip istemediklerini sordu. Bu sırada kim bilir ne kadar zamandır litrelerce su yere akıp kuma karışıyordu... Ayı, pençesini dikenlerle dolu gövdedeki deliğe koyarak akan suyu durdurdu.

"Ben de üzgünüm..." dedi Gabriel. "Ama şişe daha fazlasını almıyor. Daha önce boşalan şişeleri atmasaydım... Ama artık bunu düşünmek için çok geç. Buna rağmen..." Bir yıldız daha kayıyordu! "Belki bu bitkiden hâlâ faydalanabiliriz. Kaktüsün gövdesinden akan jeli alıp pişiğe sürdü ve anında iyileştiğini gördü.

Kaplan keyifle kükredi.

"Haklısın! Bu kadar sinir bozucu olmama neden izin verdin? Eminim Beethoven asla sağırlığından yakınmamıştır. Sızlanmalar yaratıcılığı öldürür!

Yaratıcı olmanın sadece piyano sonatları bestelemek olmadığının farkına varmıştı. Yaratıcılık, standart gelen bir özellikti ve kullanım kitapçığında tek bir kural vardı: "Aksiliklere adanmış bir dünyada yolunuzu bulmak için her gün beyinlerinize baskı yapın."

Yıldızlara doğru "Çizgiler ve puanlar!" diye bağırdı.

Yaralar Aşktır

Şafakla beraber yürümeye devam ettiler. Ayaklarındaki yaralar hâlâ geçmemişti fakat bir lejyon gibi gelen yakınma bulutu buharlaşmıştı. Zorluklar yolun bir parçasıydı ve pişman olmak için durmakla ya da olmayan kısa yollara sapmakla vakit kaybetmemeliydi.

Yürürken aslana, "Düşünürsen... Fedakârlık acı değil, aşktır" dedi.

Elbette öyleydi! Fedakârlık yapıyordu çünkü hedefine inanıyordu. Ayı sayesinde, karısına ve kızına tekrar sarılabilmek, hayalini kurduğu takımları yapabilmek için önce kendisine sarılması gerektiğini anlamıştı... Ve kaplan sayesinde, kişisel arzularına ulaşmanın yanı sıra, atölyesini tekrar canlandıracak benzersiz kumaşları da elde etmek amacıyla durdurulamaz bir biçimde yola koyulmuştu. İkisi farklı şeylerdi ama aynı zamanda içten içe birbirleriyle ilgiliydiler. Birisi içten iyileşmek içindi, diğeri ise maddeler dünyasında başarıya ulaşmak içindi. İkisi de önemliydi, birbirlerini tamamlıyorlardı. Ayısı ona kim olduğunu, kaplanıysa ne yapması gerektiğini öğretmişti. Elinde bir kim ve bir ne vardı. Önceki hissetmekti, şimdiki ise harekete geçmekti.

Yaralar aşktı.

Sıcak aşktı.

Susuzluk aşktı.

Üç Ayak İzi

Harekete geçmek...

Söylemesi kolaydı ama yorgunluğu kararlılığını bozmaya başladı. Zaman zaman yarı bilinçli olarak yola devam ediyordu. Bu kumaşları alabilmek için ruhunu şeytana satmaya hazırdı ama ilk defa bütün bu yolculuğa enerjisinin yetmeyeceğini düşünüyordu.

Ayı ve ejderhayı beklemek için bir kum tepesinin üzerinde durdu, her zaman arkada kalıyorlardı. Derin bir nefes alıp ufka baktı, geldikleri mesafeyi hesaplamak zordu. Kumun üzerinde grubun birbirinden farklı dört ayak izi vardı. Diğerlerinden farklı olarak, ayının ayak izleri meteor çukuru gibiydi. Ejderhanın ayak izleri ise başarısızlıkla sonuçlanan uçma girişimlerinden dolayı oraya buraya dağılmıştı. Güçlü kaplan ise acıyı yenmiş ve dümdüz bir çizgide ilerlemişti.

Gece yürüdükleri kum tepesinde sadece üç ayak izi olması garipti.

"Hanginiz beni terk edip yürüyüşe çıktı?"

Sarsılmış görünüyordu ama onlar için endişeleniyordu, karanlıkta kaybolmalarını istemezdi. Neler olduğunu hatırladığında inanılmaz bir acı duydu. Kayıp ayak izleri onunkilerdi. Sabaha karşı, kaktüs suyu dolu midesiyle kendisini yorgun hissetmiş, başı dönmüştü ve kaplan onu sırtında taşımıştı.

Bir an durup hedefine ilerleyen kaplana baktı, zayıf olmasına ve bacaklarının berbat durumuna rağmen cesaretinden hiçbir şey kaybetmiyordu. Bir önceki gece yürüyüşünü yavaşlatmasına rağmen ona yardım etmek için elinden gelenin en iyisi yapmış olması onu duygulandırmıştı.

Kaplan arkaya dönüp, onları hızlandırmak için kullandığı protesto kükreyişini yaptı. Gabriel gülümsedi. Kaplanın duygularının farkında olduğunu ama sert görünmeye çalıştığını biliyordu.

Onu çekecek bir elin (pençenin) olduğunu bilmek rahatlatıcıydı. Sombría'da bütün sorunları tek başına çözmeye çalışırdı. Başta dayanıklı olduğunu düşündüğü için yardım istememişti, daha sonra ise çok değersiz olduğunu ve yardımı hak etmediğini düşünmeye başlamıştı. Ama hayvanları ona, kimsenin yalnız yürüyemeyeceğini öğretmişlerdi. Yardım istemek bir zayıflık değil, aksine bir güçlülük göstergesiydi çünkü yardıma ihtiyacı olduğunu kabul etmek zor bir eylemdi... Ve aynı zamanda bir zorunluluktu, çünkü tek başına hareket etmenin korkunç sonuçları etrafındakileri de etkilerdi.

"Acınacak durumda olduğumu fark etmelerinden korkmak yerine karımdan ve kızımdan yardım isteyebilseydim..."

Ayısına sarıldı. Yanında olduğu için mutluydu.

Kaplanına da, gücünü ortaya çıkardığı, hedefinden sapmamayı, harekete geçmeyi ve sıkıntılar karşısında dik durmayı öğrettiği için sarılmak istedi fakat bu sefer yapmadı.

"Artık hangi yemeğe ihtiyacın olduğunu biliyorum dostum. İlerleyen bir hayvansın, seni besleyen şey hareket ve bu da beni bir savaşçıya dönüştürüyor." Yürümeye devam ederken "Şu andan itibaren sana vereceğim şey bu" diye kısık sesle söz verdi.

Kum Fırtınası

Bir süre sonra, sanki biri güneşin ışığını söndürüp onu yirmi vatlık bir ampule dönüştürmüştü. Garip olan ise hiç bulut olmamasıydı. Sadece ani bir sis bastırmıştı. Gabriel, ilkokul günlerini hatırladı, öğretmen tahta silgisini masaya vurmuş ve sınıf tebeşir tozuyla dolmuştu.

Mesafeyi taradı. Daha önce böyle bir şey görmemişti. Aslında böyle bir şeyi rüyasında bile görmemişti. Devasa boyutlarda kahverengi bir dalgaydı bu. Sürekli yükselen sağır edici bir uğultu...

"Bir kum fırtınası!" Ağzında dünyevi bir duygu hissederek ağladı.

Kaplan tepeden tepeye fırladı fakat diğerleri arkada kaldılar. Ayı devasa gövdesini zor hareket ettiriyor, bir yandan da körü körüne kanat çırpan ejderhaya rehberlik etmek için sürekli kükrüyordu.

Gabriel, nefes nefese gözlerine dolan kumları ve terini sildi.

Kumun bir kayaya bağlandığını fark edince zayıflığı yerini enerjiye bıraktı ve ilk tümseğe kadar yarışı hızlandırdı. Kayanın eteklerinde konik çıkıntılar gördü.

Bunlar büyük ekmek fırınları gibi kerpiçten binalardı.

"Bunlar ev!" diye bağırdı koşarak. "Bir köy! Kurtulduk!"

Kutlamak için ayıya doğru hamle yaparken elinde tuttuğu kaktüs suyu dolu şişeyi düşürdü ve daha da kötüsü şişenin üzerine basıp yuvarlandı.

"Bileğimi kırdım!" diye inledi. "Hareket edemiyorum!"

Sesi zor duyuluyordu. Fırtına çok yaklaşmıştı, saçları geriye uçuştu, kelimeler boğazında takılı kaldı. Kaplan onu almak için geri döndü, ceketinin yakasına dişini geçirerek onu evlerden birine doğru sürüklemeye başladı. Kapının önünde durdu, kefiyeli bir adam çıkana kadar kanlı pençeleriyle kapıyı tırmaladı. Evin önünde devasa bir vahşi hayvan görmenin şokunu üzerinden zorlukla atan adam, yardım etmesi için on beş yaşlarında bir çocuğu çağırdı. Gabriel'i bacaklarından tutup içeri götürdüler ve girişi bir tahta koyarak kapattılar.

Son enerjisini "Hayvanlarım!" diye bağırarak harcadı. "Onları dışarıda bırakamazsınız..." Ve kulakları sağır eden bir patlama evi havaya uçurmak istercesine sallarken bilincini kaybetti.

Savaşçı ya da Paralı Asker

Odayı kaplayan bir halının üzerinde uyandı. Pencere yoktu, sadece, tonozlu tavanda küçük bir delik vardı. İçerisi sıcak değildi. Kerpiç duvarlar havayı vücut ısısında sabitlemişti. Bir köşede beyaz bir kumaş yığını gördü.

Kumaşlara dokunmak için uzandı. Sonuçta, yarı baygın olsa da o bir terziydi. Kalitelilerdi. Şüphesiz, kumdan ve rüzgârdan korunmak için hafif kefiye yapımında kullanılıyorlardı. Zayıflık ve uyku arasında hüküm süren kafa karışıklığı anında, çöl insanlarının da kaktüsler gibi ortamın zorluklarına uyum sağladıklarını düşündü. Ölüm olmadan yaşam, kum fırtınaları olmadan yıldızlı geceler olmazdı ve tüm bunlar kaçınılmaz oldukları için tanrılarından canlarını bağışlamasını istememişlerdi. Bunlardan üstesinden gelebilmek için güç ve kaynak istemişlerdi.

Bileği çok şişti ve acıyordu, fakat kırılmamıştı. Girişteki tahtayı alıp dışarı çıkmak için destek olarak kullandı. Bu konik yapılardan üç tane vardı. Bir köyden çok bir ailenin tüm üyelerinin bir arada yaşadığı bir oluşumdu. Güçlü zorluklardan geçerek birbirlerine yakınlaşıyorlardı.

Yüzü yaşlı bir ağaca benzeyen adam oradaydı. Otoritenin verdiği ışığa bakılırsa ailenin reisi olduğu kesindi. Yanında karısı, oğlu ve on yaşlarında ikiz kız çocukları duruyorlardı.

Bedevi, terziye ezici bir hayal kırıklığı ile baktı.

"Bize bunu nasıl yapabildin?"

Gabriel hiçbir şey anlamıyordu.

"Hayvanlarım nerede?"

"Ölü..."

"Ne diyorsunuz?"

"... olmalılar. Özellikle de o şeytanın kaplanı."

Eteklerinde üç hayvanın yattığı kayayı işaret etti.

"Kurtuldular!"

"Ne oldu?"

"Kaplanın, fırtınada kuyunun kapağını açınca içine kum doldu! Abartmıyorum, ağzına kadar doldu!"

"Seni kırmak istemem, hayatımı kurtardın ve sana her zaman minnettar olacağım. Ama sanırım bu suçlamalarının temeli yok."

Bedevi yerdeki tahta kapağı işaret etti.

"O pençe izlerini de ben mi yaptım?"

Gabriel izlerin, kedisinin pençeleriyle uyuştuğunu fark edince tarifsiz bir acı duydu.

"Olamaz..."

"Bu kuyu bizim tek geçim kaynağımızdı! Şimdi ne yapacağız? Çok fazla çıkmazdı ama içmeye ve hurmalarımızı sulamaya yetiyordu!"

Yaşlı bir palmiye ağacını gösterdi. Meyveleri bitmiş bir partinin üzgün süsleri gibi asılı duruyorlardı.

"Tekrardan kazılamaz mı?"

"Sence yapabilecek olsam durur muydum? O kadar derindi ki kovayı atıp da dibe ulaştığında sesini duymazdık."

"O zaman daha önce nasıl yapılmış?"

"Zengin uygarlık dönemlerinde atalarım yapmış. Biz son kuşaktık!" Ellerini kafasına koydu. "Şimdi de susuzluktan ölmemek için buradan göçmek zorundayız. Sayısız jenerasyonun uğruna savaştığı bu toprakları terk etmek... Ne büyük onursuzluk! Düşündüğüm şeye bak, büyük ihtimalle yolda öleceğiz."

Gabriel neolitik bir figür gibi sabit duran kaplana baktı. Ne kadar anlamaya çalışsa da neden böyle davranmış olabileceğini çözemiyordu. Böyle bir şey yapmak için çok akıllıydı.

"Ya fırtınadan kaçarken içine girip sığınabileceği bir yer aradıysa?" diye düşündü.

Makul bir açıklama gibi görünüyordu ama aynı zamanda doğru olma ihtimali de onu sarsmıştı. Kuyunun derinliğini görünce, diğer iki hayvanla birlikte tepenin eteklerinde bir sığınak bulmaya gitmiş, düzgün kapatılmayan kapağı da rüzgâr götürmüştü.

O ana kadar, Gabriel'in gözünde kaplan, sadık bir samuray ya da piramitlerini ölene dek savunan bir Aztekli gibi bir savaşçıydı. Ama birden, onu vicdanı olmayan paralı bir asker olarak görmeye başladı.

"Senin gibi olmayı o kadar isterdim ki..." dedi hayal kırıklığıyla, sandığından daha fazla benzediklerini bilmeden.

Hak Edilmiş Bir Ceza

"Mataranı ve kefiyeni hazırlayayım" dedi karısı bedeviye. "Bir an önce yola çıkman en iyisi."

"Nereye gidiyorsun?" diye sordu Gabriel.

"Fazla uzağa değil, bizi bir süre idare edecek bir su deposu var" dedi kısaca. "Sadece köklerimizi salacak yeni bir yer bulana kadar yetmesi için dua ediyorum."

"Vahadan mı bahsediyorsun?"

Bedevi başını salladı.

"Sadece bir tane var. Ama hiçbir zaman iyi ilişkilere sahip olmadığımız bir aileye ait. İyilik için bize bir damla bile su vermezler ve benim de karşılığında onlara verecek bir şeyim yok."

"Yani?"

"Büyük bir kaktüs. Aileme bir ay boyunca yetecek kadar su depoluyor."

Gabriel öylesine sersemledi ki yere oturmak zorunda kaldı. Konuşmak çok zordu.

"Oraya giderek enerjini kaybetmesen daha iyi olur."

"Neden böyle bir şey söylüyorsun?"

Kaplana bir bakış attı.

"Ben de bir şeytanım."

"Ama..."

"Bir damla bile kalmadı" dedi dramatik bir tavırla. "Ve bu güneşte... Tamamen kurumuş bile olabilir. Bedevi yere baktı. Konu kendisi değildi, ailesiydi. Yavrularını kurtaramayacak olmanın yarattığı hüzün alnına yeni çizgiler çizmişti. Aniden kolları daha kemikli görünmeye başladı, nefesi kayıp kumda kaybolmuştu. Karısı ikizleri göğsüne doğru çekti. Yabancıya bakmamaları ve gözyaşı dökerek tamamen susuz kalmalarını engellemek için yüzlerini üzerine kınayla şekiller çizilmiş elleriyle kapattı. Öfke gösteren büyük oğlu oldu. Çömelmiş, boğulmamak için bacaklarına ve inancının tüm öğretilerine sarılmıştı.

"Sizi temin ederim ki..."

"Yalvarırım tek bir şey daha söyleme" diye sözünü kesti.

Ailesiyle birlikte çamur konilerinden birine doğru yürüdü.

Gabriel eğilip yüzünü kuma gömdü.

Tıpkı susuzluktan ölmek üzere olan o zavallı insanlar gibi.

"Hak edilmiş bir ceza" diye düşündü. Davranışı kabul edilemezdi.

Tıpkı kuyunun kapağını açık bırakan kaplan gibi, hedefine yürüme kaygısının verdiği sarhoşlukla sadece kendisini düşünmüştü. Kaplandan aldığı güçle çölü geçmesi takdire değerdi fakat ayının değerlerini bir kenara koymak gibi bir hataya düşmüştü. Devasa ayıcığı ona, sevdiği şeylerin peşinden giderek tamamen mutlu bir hayat inşa etmesini öğretmişti, ilk kural şefkat ve cömertlikti, kendisini olduğu gibi eşsiz bir varlık olarak kabullenmesi ve değer vermesiydi. Şimdi, şefkatin ve cömertliğin yolculuğun başında önemli olmalarının yanı sıra, yolun her metrekaresini aydınlatmaları gerektiğini görüyordu. Kaplanın cesareti, ayının değerleri olmadan küstahlığa dönüşüyordu.

Kaplanın azmi, ayının değerleri olmadan, onu anlamsız bir biçimde davranmaya ve yorgunluktan ölmeye sürüklemişti... Bir hiç için.

"Nasıl böyle davranabildim?" diye sızlandı yüzü kuma gömülmüş bir halde. Yorgunluk ve korku zincirlerine bağlı olmayan bir savaşçı olmak istemiştim... Ve tıpkı kaplanım gibi ben de kendi hedefimin kölesi oldum.

Başarısızlığın yaşlı hayaletleri, kum taneciklerini kaldırarak tepeciklerin üzerinde dans etmeye başladılar. Eski mağara yankıları Sombría'nın çamurlu sularını çağırdılar...

Ve ışık birden yok oldu.

Taşıdıkların Seni Kuma Batırır

Burada da mı bir tutulma oluyordu? Buna dayanamazdı! Neyse ki güneş hâlâ yerindeydi. Ona sarılan ayının tüylü vücudundan dolayı etraf kararmıştı.

"İnancını yitirme..." diyordu hayvan her okşayışıyla. "Atölyeni terk etmeden içten iyileşmiştin. Kim olduğunu mükemmel bir şekilde biliyorsun, eşsiz ve harikasın, tıpkı bu engin dünyadaki her insan gibi." Ayının ilgi odağı olmasına izin vermek istemeyen kaplan, yerinden kalkıp onlara doğru geldi. Genç bir ülkenin bayrağı gibi renkli kürkünü kaplayan tozları silkeledikten sonra, Gabriel'i yola devam etmeye cesaretlendirmesi için kükredi. Önemli olan her zaman ileri gitmekti. Eğer gerekirse, yürüyemediğinde, önceki gece yaptığı gibi onu sırtında taşırdı.

Gabriel, elleriyle bir hareket yaparak ondan sakinleşmesini istedi.

"Konu, inancımı yitirmek ya da yitirmemek değil" dedi ayıya. "Sayende bu bir daha asla olmayacak. Kimsenin mükemmel olmadığını ve hata yapmanın yanlış olmadığını biliyorum, bu yüzden atölyede şiltede yatan o eski zavallı halime dönmeyeceğim. Duygularımı yönetmem gerektiğini, hedefime ulaşmama engel olmamaları için yıkıcı olanları kafamdan atmam gerektiğini biliyorum. Çünkü taşıdıklarımızın gitmesine izin vermezsek bizi kuma batırırlar."

Kaplana baktı.

"Tıpkı senin gibi dostum, ben de bir an önce kumaşlarıma koşmak isterdim, bastonla ya da bastonsuz, çünkü bir an önce hedefime ulaşmak istiyorum. Ama böyle aceleyle devam edemeyiz. Bu insanları düşününce... Onlara yaptığımız şey affedilemez."

"Hiçbir şey affedilemez değildir" dedi arkasından bir ses.

Bu ses bedeviye aitti. Ayının yanına oturup kendi hayvanıymış gibi onu sakince okşadı. Ayı, çaresiz bir durumda olmasına rağmen tatlılık gösterebilen bu adamın hissettirdiği duygularla keyiften kabardı. Belki de doğduğundan beri izole yaşadığından bir keşişin doğal bilgeliği ve dinginliğiyle davranmıştı.

"Bunu nasıl söylersiniz, hayatınızı mahvettik!" dedi Gabriel ayağını daha az acıması için düzeltirken.

"Belki öyle, belki de bu bir nimetti" dedi bedevi. "Hayat söyleyecek. Kaktüsün ölmesinde senin kadar benim de payım olmadığını kim söyleyebilir? Benim suçum da atalarımla aynı topraklarda yaşama hayaline kapılıp ailemi buradan götürmemek... Seni affediyorum, sıyrılıp kaçmak yerine kalıp hatanı kabullendin, sorumluluk aldın... Ve gururun ya da kırılma korkusunun arkasına saklanmayıp hatalarını kabul edenler, öğrenecek ve büyüyecek olanlardır. Ama önemli olan, ikimiz de kendimizi affedelim ve hayatın bize getireceklerini bekleyelim."

Ayı, keyiften göbeğini uzatıp yavru kedi gibi gurlamaya başladı.

"Bu probleme yaklaşımını takdir ediyorum" dedi Gabriel. "Sadece size en iyi halimi gösteremediğim için üzgünüm."

"Daha önce de söylediğin gibi, olduğun gibisin. Hata yapmak seni kötü biri yapmaz."

"Tüm bunları, Sombría'da en başında fark etseydim her şey ne kadar farklı olurdu... Orada insanlar işe yaramaz olduğun için dükkânının boş olduğunu düşünüyorlar. İnsanlar depresyona giriyor, kendilerini suçluyorlar. Ama şimdi biliyorum ki bir şeyler ters giderse bu hayatın bir çağrısı olabilir ve yapmam gereken şey, aksaklıkları iç meselem haline getirmeyip, sorunları temelden çözmek, çalışmayan parçayı değiştirmek. Her halükârda, bana bu kadar iyi davrandığın için tekrar teşekkür ederim."

"Kendimi bir aptal, bir yabancı olarak nitelendirebilirim ama senin benim tek umudum olduğunu göremeyecek kadar deli değilim. Senin hayatın çağrısı olduğuna inanmak istiyorum."

"Ama... Nasıl?"

"Ailemi kurtarmak için ne yapmam gerektiğini bilmiyorum, tıkandım. Ama çölü yürüyerek geçip buraya geldiysen, eminim bana yardım etmenin de bir yolunu bulacaksındır."

Yenilmez Takım

"Harekete geçelim öyleyse" dedi Gabriel. "Eksikleri inşa ederek başlayalım."

Fizik dalında Nobel ödülü almış bir bilim insanı kadar kendinden emin konuşmuştu. Kendine inanmanın kol kası gibi olduğunu düşündü. Çalıştırdığında, üzerinde kazak olsa da başkaları tarafından fark ediliyordu.

"Tamir etmek mümkün olacak mı bilmiyorum..."

"Yama yapmaktan bahsetmiyorum, bu talihsiz durumu bir büyümeye dönüştürmekten bahsediyorum."

Bu kez de kaplan yumuşak bir şekilde kükredi. Bu konuşma ona yedi kilo aldırmıştı.

Gabriel'in bakışları ufukta kayboldu. Kum tepeleri ve daha çok kum tepeleri. Böyle bir monotonluğun ortasında gidişatı nasıl değiştirebilirdi ki? Kum taneleri güneşi kaygıyla emip, o kaygıyı binlerce kez katlanmış biçimde yansıtıyorlardı. Hiçbir manzaranın olmadığı bu yerde, binlerce güneş onu kör ediyordu. Monotonluk... Kavurucu havayı soluyup iç çekti. Rüzgâr, yere doğru esip altın konfetiler yağdırarak cevap verdi, büyülü tozlar ışığı süzerek yerlerini sonsuz, koyu sarı bir tayfaya bırakıyorlardı. Tam o an, yaratmak için bütün imkânların, her şeyin sığdığı boşlukta olduğunu gördü ve zihnini boşaltmaya ve kafasındaki her şeyi atmaya çalıştı.

"Bir vahadan bahsetmiştiniz..." dedi aniden.

"Evet ama daha önce de söylediğim gibi, çocuklarının dudaklarındaki bir damlayı alıp benim çocuğumun dudağına koymak istemeyecek bir aileye ait."

"Ama bu hiçliğin ortasında sizler komşusunuz, birbirinizden başka kimseniz yok."

"Bizi bir araya getiren tek şey eski nefretlerimiz."

"Üç hayvanıma bak ve bana cevap ver: Hiçbir ayı, bir kaplan ve bir ejderhanın bir arada yürüdüğünü hayal ettin mi? Neden böyle bir şey yaptıklarını sanıyorsun? Yola çıktığımdan beri bunu düşünüyorum ve sonunda birbirlerine ihtiyaçları olduğunu anladım. Her biri, ötekisi olmadan bir hiç olduğunu biliyor. Ayıyla bağlantı kurabilme şansı elde ettim, kaplanla da kurabilmek için hâlâ ilerliyorum. Ejderhanın perdeli gözlerinin ardında beni nelerin beklediğini hâlâ bilmiyorum ama..." Dingin adamı, onun yumuşak sesini ve yatıştırıcı gülüşünü düşündü. "Ama yenilmez bir takım olduklarını biliyorum."

"Komşuma verecek hiçbir şeyim yok, sadece şu hurma ağacı var." Cansız bir biçimde asılı duran birkaç hurmanın olduğu ağacı gösterdi. Her zaman bölgenin en iyi hurmalarını yetiştirmiştir ama her hasatta zar zor bir kova toplayabiliyoruz.

"Daha çok sulasaydınız eminim daha fazla meyve verirdi."

"Elbette öyle ama..."

"Vahanın sahipleriyle konuşun, size su vermelerini isteyin karşılığında da hasadın yarısını teklif edin."

Bedevi birkaç saniye düşündü.

"Kabul edebilirler ama bir sorun daha var. Vaha iki gün uzaklıkta ve su yolda buharlaşıyor."

"Peki ya bir kanal açarsanız?"

"Kanalı açmak için borularımız yok."

"O zaman da bir yeraltı geçidi açmanız gerekecek" diye cevapladı Gabriel. Vahadan buraya bir koridor. Kolay olmayacağını biliyorum, kazmanın yanında batmaması için de sağlamlaştırmamız gerekecek, bunun için tepedeki kayayı getirmeniz gerekecek.

"Böyle bir şeyi nasıl yaparız? Çok büyük bir iş." Kaplana baktı. "Yardımın lazım."

Bedevi kefiyesini düzeltti. Dudaklarını büzdü ve şüpheyle baktı.

"Hayvanın bize gerekli olan işgücünü sağlasa da projeyi kim tasarlayacak? Yeterli mühendislik bilgimiz yok! Üzgünüm yabancı fakat önerdiğin şey imkânsız."

Appassionata Çölde de Çalıyor

İmkânsız...

Bu kelime Sombria'nın dışında da var mıydı?

Kum fırtınası bu adamları yüzyıllardır ayakta tutmaya yardım eden özdeyişleri gömmüş müydü? Tanrılarından sana zorluk göstermemesini dileme, zorlukların üstesinden gelebilmek için güç ve kaynak dile.

Terzi beyninde cesur bir kalıp çizmeye başladı. Bunu bilinçli bir şekilde bile yapmadı. Makaslar kendi kendilerine bir oradan bir buradan kesiyorlardı; iğneler, yönlendiren bir el olmadan üst üste dekoratif dikişler dikiyorlardı...

Bir fisto?

Günün ortasında bir yıldız daha kaydı!

Fisto, bazı giysilerin kenarları için kullanılan, kumaşın kenarlarında açılma ve gerilmeyi önlemek için kullanılan bir bitiriş türüydü. İlk bakışta, dikey bir çizginin üzerinde aralıklarla yukarı doğru çıkan yatay bir dikişti bu. Ayrık dişli bir tarak gibi. Yeraltı geçidinde de bu yöntemi kullanabilirdi...

Çılgın fikrini etraflıca düzenlerken, Appassionata'nın sonraki notalarını getiren ve büyülü tozları kaldırmaya devam eden çöl rüzgârını içine çekti.

Dan, dan, dadan!

"İçinde çömelerek yürüyebileceğin bir koridor yapacağız" diye açıkladı. "Su yerin altındaki kanaldan akacak, böylece buharlaşmayacak. Derinlik problemini çözmek için de yüzeye yükselen ardışık kuyular açacağız. Böylece gerektiğinde tamir veya yeni bir tane inşa etmek için aşağı inebileceksin. Üst kısmına, sıkıştırılmış toprakla krater şekilleri vereceğiz, böylece içeri kum dolmayacak. İşe yarayacak!" Heyecanla haykırdı. Geçit boyunca devam eden yatay bir çizgi üzerinden yukarı çıkan dikey çizgiler, yani kuyular. Çölde fistolar!

Kaplan kükreyerek o an daha iyi görünmeye başlayan pençelerini gösterdi.

Bastona dayanarak yavaşça ayağa kalktı.

Savaşçı geri dönmüştü.

Kükreme

Bedevi vahaya gidip beklediğinden daha kolay anlaşmaya vardı. Anlaşılan komşuları hurmaları seviyorlardı ve aralarındaki bu anlaşmazlığı bitirmek için yıllardır bir bahane arıyorlardı. Acı kaçınılmazdır ama acı çekmek isteğe bağlıdır demişti bilge... Ve bu insanlar nefret zehri yüzünden acı çekmekten vazgeçmişlerdi.

Gece iyi haberlerle geldi, bütün aile, mutfak olarak kullanılan toprak konide toplandı. Büyük çocuk bir utanma ibaresi göstermeden, "Kaktüsü mahvettiğini söylediğinde bu yabancıdan nefret etmiştim" dedi.

Tüylü vücudu odanın büyük bir kısmını işgal eden ayıyla güreşmeye çalışıyordu, iki kız kardeşi ise ayının üzerine tırmanıyorlardı.

"Peki ya şimdi?" diye sordu Gabriel. Cevabı, dev pelüşün görünüşünden anlayabiliyordu.

Bedevi cevapladı:

"Şimdi etmiyor çünkü hayatının bir kısmını sana vermek istemiyor. Bu zehirli duygu huzurumuzu çalıyor, enerjimizi emerek şişmanlayan bir parazit."

"Burada, hurma ağacının meyvelerini yiyerek şişmanlayan tek varlıklar sizler olacaksınız" dedi Gabriel.

"O an gelene kadar yapmamız gerekenleri düşünmek istemiyorum."

Kaplan odaya girdi. Mizacı ayıdan çok daha agresifti fakat buna alışmışlardı.

"Faraonik işler bir tuğlayla başlar" dedi Gabriel ve kaplana dönüp onun kükreyişini taklit etti.

Herkes güldü. Bunu uzun zamandır yapmamışlardı. Kayıp köye yeni bir atmosfer gelmişti... Ve terzinin söylediği gibi, çölün ortasında bir geçit inşa etmek için yarını beklemeden kazmaya başlamak gerekliydi.

İlmek ilmek, tıpkı fisto dikiş gibi.

Hayat gibi.

Hayat şu andır. Bir kumaşın dokunuşu, kalbimizin her bir atışı. Bir günde bin vuruş ya da şartlar elvermezse bin günde bir vuruş ama şimdi...

Var olan tek an, tek gerçek.

"Tepeye gidelim" dedi kuvvetli bir enerjiyle, o sırada teni siyah çizgili turuncu bir renk almıştı. "Çalışmaya başlamak lazım."

İmkânsız mı?

Kendilerini, inandıkları bir projeye adayınca zaman su gibi akıp geçti.

Kaplan gece gündüz malzeme çuvallarını taşıdı, aile üyelerinin de yardımıyla canını dişine takarak kazdı. Gabriel, iyileşmeye başlayan bileğiyle boş boş oturmuyor, destek oluyordu. Takımdan en verimli şekilde yararlanmak için, kafasında bin bir yol tasarladı. Daha önce kendisini hiç lider olarak düşünmemişti ama kişinin kendine ve hedeflerine duyduğu güven duygusu, etrafa da yayılan bir virüs gibiydi. Gerçekte, bu derme çatma mürettebatın her bir üyesi kendi kendinin lideri olmuştu. Güneşin altında çalışırken susamışlardı ama hepsinden öte öğrenmeye açlardı, geçidin her bir metresi bir öncekinden daha iyi olmuştu. Bu projeyi, ailesini aşıp yıllar sonra bile anlatılan efsanevi bir proje haline getirmek istiyordu.

Kaplanın azmi ve gücü sayesinde onsuz aylar alabilecek işleri birkaç haftada halletmişlerdi. Son akşamüstü, bedevi ve Gabriel bir tepeye oturup güneşin batışını seyrettiler.

"Tutkunuza hayranım" dedi terzi. "Bu işi, kim olduğunuzu ifade etmek için bir fırsata çevirdiniz. İkizlerinize bakın, kumu oyun oynar gibi taşıyorlar. Burada vakit kaybedeceğime gidip onlara yardım etmeliyim."

Ayağa kalktığında, bedevi kolundan tutup tuvale çizilmiş gibi görünen günbatımını gösterdi.

"Hiç bu kadar harika bir şeyin her gün nasıl gerçekleşebildiğini düşünme fırsatınız oldu mu? Bu gösteriye katılmak paralı olsaydı, insanlar ömür boyu ipotekle kredi çekip izlerlerdi."

"Ve..." diye devam ettirdi Gabriel. "Garanti olsun diye de her gün iyi geceler öpücüğü vermeden güneşin uyumaya gitmesine izin veriyoruz."

"Aynen öyle. Fakat dinlenmeyi kayıp zaman olarak görmeyin. Kendinize ve sizin olanlara bakmak için bir alan yaratmak önemlidir."

"Etrafınızda olumlu bir gezegen yaratmak için zaman" diye onayladı Gabriel. "Yıldızların hizalanabileceği zaman."

Dingin adamın mesajı beyninde yankılandı:

"Ayının kucaklaşmasını, kaplanın pençesini ve ejderhanın bakışını alın."

Ayı yanlarındaydı. Yere saplanmış burnuyla, şafak vaktinde tek bir çalıdan çiy toplamak için kanat çırparak hayatta kalmış bir böceğin yolunu takip etmişti. Kaplanın dediği gibi, işler ne kadar kötü giderse gitsin, ileri gitmenin bir yolu her zaman bulunurdu.

Öte yandan ejderha, uçma denemelerine üst üste devam ediyor, yere düşüyor, kum tepesinde izler bırakıyordu. "Senin iyileşmek için neye ihtiyacın var?" diye düşündü Gabriel. Aklına iyileşmek gelince bacağına dokundu.

"Düştüysem, fazla hızlı gittiğim içindir" dedi yüksek sesle. "Sadece kum fırtınasından kaçmayı kastetmiyorum. Sombría'dan kaçıyordum, tıpkı kaplanım gibi."

"Önemli olan az zamanda çok iş başarmak değil" dedi bedevi. "Önemli olan en gerekli olanı yapmak."

"Önemli olan hedefe ulaşmak!" diye kafasını salladı.

"Şimdiki hedefinden daha öte bir şey.

"Öyleyse? Önemli olan ne?"

Bir ciyaklama sesi, günbatımının huzurlu havasını bozdu. Tepenin en yüksek noktasına kadar uçan ejderhanın sesiydi bu. Birkaç saniye eski bir tanrı gibi kanatlarını açmış, pençeleri onlara dönük şekilde güneşi perdeleyerek öylece durdu... Ve her zamanki gibi kendini yine yerde buldu.

Gabriel, neyin değiştiğini düşünerek onu izliyordu. Onu daha önce hiç böyle görmemişti. Doğrusunu söylemek gerekirse, ejderha ile hiç etkileşime girmemişti.

Büyük çocuk ilgisini çekti.

"Koşun! Hazır!"

Kanalizasyona çıkışına bakarak aşağı inmelerini işaret etti.

Vahadan gelen damlalar akmaya başladı, anne ve ikizler de ona katıldılar.

Tüm aile gözyaşlarına boğuldu.

"Kim demiş imkânsız diye?" diye bağırdı Gabriel yumruklarını sıkarak. Ani bir rüzgâr, şiddetiyle bu kelimeyi süpürdü.

İmkân... sss... sss... sss... sss... sss... Daima.

Kefiyelerin Yumuşaklığı

Bedevi, suya dokunmak için eğildi. Elini bir kap gibi kullanarak su doldurdu ve suyu hurma ağacının gövdesine döktü.

"Bu iyiliğin karşısında bizden ne istersin?" diye sordu Gabriel'e.

"Sadece size kendimi affettirmeye çalıştım."

"Sonsuza kadar sana minnettar olacağız."

"Bana teşekkür etmenize gerek yok. Şansım yaver gitti."

Ayı onlara yaklaştı. Burnunu akan suya sokup sallayarak vücudunun geri kalanını ıslattı. Bedevi sırtını okşadı.

"Bu şekilde hissettiğin için gurur duyuyorum. Çölde yaşarken, sahip olduğun şansın farkında olman gerekiyor. Özellikle de küçük şeyler için, elinde sadece onlar olduğu için değil, en önemlileri onlar olduğu için. İkizlerimin birbirlerine tapması harika bir şey. Karımın kefiye yapmak için kaliteli örgüler örebilmesi harika bir şey. Güneşin her akşam bize bu gösteriyi yapması harika bir şey."

Gabriel başını salladı.

"Sombría'dan çıkıp keşfedilmemiş topraklara ayak bastığımdan beri, musluğu açınca su akması gibi hakkımız olarak gördüğümüz şeylere teşekkür edersek kendimizi daha iyi hissedeceğimizi fark ettim. Bu, sürekli bir şeyler kaçırdığımızı düşünmek yerine onları takdir etmemizi sağlar. Sonsuz arzu, bizi eksiklik dolayısıyla da mutsuzluk içinde konumlandırır."

"Emin ol bu düşünceyle hayat yolunda daha sakin yürüyecek ve bir daha asla düşmeyeceksin. Bacağın nasıl?"

"Daha iyi. Senden tamamen iyileşene kadar burada kalmamız için izin vermeni istiyorum."

"Kendi eviniz gibi, lütfen" dedi kadın, bakışlarıyla evin yöneticisi kocasının da onayını alarak. "Siz terzisiniz, değil mi? Giderken size kefiyeler için hazırladığım kumaşlardan bir deste vereceğim."

Gabriel, odada duran bulut gibi hafif kumaş yığınını gözünün önüne getirdi.

"Olmaz! Sonra siz ne yapacaksınız?"

"Daha çok kumaş hazırlayacağım" diye cevapladı kadın kıkırdamasını kınalı ellerinin ardına saklarken.

Gabriel, bu kum saati cennetinde her şeyin çok daha insan hızında yürüdüğünü düşündü. İnsanlar burada zamanın kölesi değillerdi, dünyadaki bütün zaman onlarındı.

"Kesinlikle onlardan müthiş gömlekler yapacağım" diye planlamaya başladı, kendini uzun yolculuğunun sona ermesi ihtimalinin kollarına bırakmıştı. Bu, atölyesi için bir dönüm noktası olurdu. Kaplana döndü.

"Bana böyle bakma! Hayalimdeki kıyafetlerin yapımında işe yaramayacaklarını biliyorum çünkü beyaz ve inceler, senin topraklarının fotoğrafında gördüğüm gri ve puanlı kumaşlardan çok farklılar. Ama bunlardan iyi bir gömlek yapılacağı düşüncesine de karşı çıkmayacaksın, değil mi? Sombría'da kimse böyle yumuşak bir kumaşa dokunmamıştır. Ayrıca, sen de yeterince uzağa geldiğimizi düşünmüyor musun? Giderken onları kaybettiğimizi ya da çaldırdığımızı, hatta kalıcı olarak lekelendiklerini ve dahası aradıklarımızı bulamadığımızı bir düşünsene. Bu kadar yolu bir hiç için gelmiş oluruz. Ne kadar trajik olacağını hayal edebiliyor musun? Karar verdim!" dedi kadına. "Bastonsuz yürümeye başlar başlamaz, bu bulut gibi kumaş yığınıyla eve doğru yürümeye başlayacağız."

Kaplan kırgın bir şekilde uzaklaştı.

"Artık dursak iyi olur dostum!" dedi Gabriel gönlünü almaya çalışarak. "İyi bir şey bulmuşken neden riske edelim?"

Beklenmedik Bir Bahçe

Sonraki haftalarda, palmiye ağacı inanılmaz bir parlaklığa ulaşmıştı. Dalları, tavus kuşu kuyruğu gibi açılmış ve lezzetli, sulu hurmalarla dolmuştu. Dahası, dibinde küçük fidanlar çıkmaya başlamıştı.

Bedevi olanlara inanamıyordu. Evet bir zamanlar bir sürü tohum ekmişti ama tek bir tanesi bile çimlenmemişti.

İlki incir ağacıydı. Diğerleriyse iki güzel nar ağacıydı, daha sonra fasulye ve karpuz ekimi için bir tarlaya oluşturacaklardı. Bir süre sonra bir bostandan çok bir bahçeye benzemişti.

Bu sırada eve dönme vakti de gelmişti.

Bacağı iyileşmişti.

Aile, yaşadıkları değişimin sembolü haline gelen eski kuyunun etrafında toplanmıştı. Kadın ona bir deste kefiye kumaşı verdi. Gabriel, minnetle kumaşları alıp ejderhanın boynuna astı. Taşıması sorun olmazdı, hatta belki işe bile yarardı.

"Sadece hayatta kalmadık" dedi bedevi. "Sayende, hayatımıza evimizde, topraklarımızda devam edeceğiz. Bu da yetmezmiş gibi, bize, sen gelmeden önce hayal bile edemeyeceğimiz bir şeyi verdin; bolluk."

“Bu benim başarım değil. Kaplanımın gücü olmasaydı, bu kanalı asla inşa edemezdik.”

“İlginçtir, kaplan eski kuyunun kapağını yerinden oynatmasaydı tüm bunlar olmayacaktı.”

Bedevi konuşmaya devam ediyordu fakat Gabriel dinlemeyi bırakmıştı.

Her şey bağlantılıydı!

Eski kuyunun başına gelenler, ailenin zenginleşmesi... Sanki kaplan bir mesaj vermek istiyor gibiydi. “Bildikleri yeri terk etme riskine girmeyip, çamurların içinde yürüyüp iliklerine kadar ıslanan Sombría’nın insanları gibi olma. Bağırsaklarının tembelleşmesine ve derinin rahatlıktan çürümesine izin verme. Hedeflerini takip et, yolda elde ettiklerini kaybetme korkusuyla geri dönmeyi düşünme. Kaybedersen her şeyin mahvolacağını düşünme. Bu gerçekleşmeyecek çünkü ne yapman gerektiğini, kim olduğunu ve dünyevi herhangi bir şanssızlığın bunu yok edemeyeceğini iyi biliyor olacaksın. Hedefin ne kadar uzak olursa olsun, kaç kum fırtınası gelirse gelsin. Kimsen o olmaya devam edeceksin. Yaralarını yücelt ve istediğin kumaşları almak için çaba harca. Kaplanın postu gibi, parmak izi gibi, terziliğinin ayak izi gibi eşsiz kumaşlar.”

Meyve dolu palmiye ağacına bakıp Sombría’da yetişen kızının çiçeğini hatırladı. İmkânsız... Daima. Bütün bir hayata devam edebileceğini hissediyordu ama illüzyon hâlâ bozulmamıştı, kızına ve karısına olan sevgisi hedefine giden yolda attığı her adımda daha da büyümüştü. Bu neden olmuştu? Çünkü kendisinden memnundu ve hedefine ulaşmak için gücünün yettiği tek şeyi yapıyordu; peşinden gitmek.

Kumun üzerine bir damla gözyaşı düştü.

Pat.

Atölyedeki sese benzediğini fark edince gülümsedi.

Kaplan önünde durdu.

Gabriel derin bir nefes aldı, birkaç saniye bekledikten sonra, "Eve dönmemizi gerektirecek bir şey yok! Yola devam ediyoruz!" dedi. Tekrar kaplanın kükremesini taklit etti.

Hemen ardından kaplan da tepelerde dalgalanmaya sebep olacak yükseklikte kükredi. Gabriel tekrar kükredi. Sonra tekrar kaplan. Sonra yine Gabriel. Yine kaplan. Patileriyle havayı tırmalayarak kükrediler.

Küçük Hurma

Sıra dışı kafile, baobap ağaçlarının topraklarına doğru yola çıktı. Gabriel ve kaplanı en öndeydiler. Hemen arkalarındaysa ejderhaya rehberlik yapan ayı vardı.

Daha birkaç adım atmışlardı ki, bedevinin sesini duydular:

"Bekleyin!"

Palmiye ağacına tırmanmış, bir hurma koparmıştı ve onu Gabriel'e verecekti.

"Çok teşekkürler" dedi terzi. "Fakat karın, yolculuk için kocaman bir çıkın hazırladı."

"Bu farklı."

"Neden?"

"Çünkü bu ruhu beslemek için..." Gabriel gülümsedi.

"Öyleyse bunu zor zamanlar için saklayacağım" dedi şefkatle. "Çünkü şu an sapasağlam hissediyorum kendimi. Büyük bir şey yakalayabilirim."

"Bunu sana tam olarak bu yüzden veriyorum. Bu işin, sivri pençelerinin seni yok etmesiyle sonuçlanmasını istemiyorum."

Gabriel onu merakla izleyip oyunu devam ettirdi.

"Bunun olmasını engellemek için ne yapmalıyım?"

"Şu sorunun cevabını bilmen yeterli. Bu tek hurmanın beni hayat boyu beslemesi için Tanrı'dan ne dilemeliyim?"

"Sanırım, boyutlarını bir milyon kat büyütmesini."

Bedevi başını salladı.

"Hurma ne kadar büyük olursa olsun tatmin olamazsın. Her zaman dahasını istersin."

"Öyleyse ne dilemeliyim?"

"Seni çok küçük yapmasını, böylece hurma sana hayat boyu yetebilir."

Gabriel gülümsedi.

"Kimse küçük olandan daha büyük değildir."

"Bu, sevdiğimiz şeyleri elde etme sırrımız. Boşalt ki, dolu kalasın. Kimseyle rekabete girme ki dünyada seni yenecek tek bir kişi bile olmasın."

Bu son dakika hediyesi için teşekkür edip arkalarına bakmadan yürüyüşlerine devam ettiler.

Çöldeki kum taneleri kadar küçük.

Çöldeki kum taneleri gibi muazzam, parlak ve eşsiz.

EJDERHA

Ormandaki Melodiler

Kurak araziler, bir şarkı gibi yavaşça solmuş, yerlerini yemyeşil bir ormana bırakıyorlardı. Milyonlarca mikroorganizmanın fokurdadığı, mantar, eğreltiotları ve yosundan oluşan yumuşak bir örtü üzerinden geçtiler. Başlarının üzerinde, otuz metrelik ağaçlara kıskançlıkla sarılan sarmaşıklar vardı.

Gabriel, haftalarca başka bir yardım almadan çürümüş elleriyle yeşillikleri yararak yol açtı. Bölgenin güzelliği, vahşiliğiyle doğru orantılıydı fakat hayatta kalmayı başardı. Çürümüş bir ağaç gövdesinde besleyici solucanlar bile aramıştı. Yaratıcılığın kaba kuvvetten daha önemli olduğu açıktı ve bu noktada hiçbir şey onu durduramazdı.

Kaplan, yolculuğun sonunun kokusunu duyarak heyecanlanıyordu. Pençeleri tamamen iyileşmiş ve yetenekleri en üst düzeye çıkmıştı. Gölleri yüzerek, bir dok gibi enine ve boyuna sıçrayarak geçmiş ve kükremeleriyle yollarına çıkan kötü niyetli yaratıkları uzaklaştırmıştı.

İkisi de dayanıklılığın önemli olduğunu yolculuğun başlangıcında biliyorlardı. Yalnızca yakıt kaybı olacak, daha kısa yolların var olabileceği fikrine kapılmadan dümeni hedeflerinde tutmalılardı.

"Hiçbir kısa yol yüceliğe çıkmaz" diye tekrarladı Gabriel, gece olup da etraf daha da karmaşıklaştığında.

Bir sabah, muz yapraklarında birkaç saat uyuduktan sonra, bir ses ilgisini çekti. Odun tıkırtıları ya da yaprak çıtırtıları değildi. Bir...

Flüt mü?

Çoktan koruma pozisyonuna geçmiş, dikkatle sesi dinleyen kaplana baktı.

"Gerçekten geldik mi?"

Dördü birden onları açık bir alana götüren melodinin peşinde koşmaya başladılar.

Ortaya çıkmadan önce, burunlarını yükselen ağaçların arasından çıkardılar. Ejderha bile hiçbir şey görmemesine rağmen gözetlemek için boynunu uzattı. O zamana kadar aralarında böyle bir uyum seviyesini yakalayıp tek bir vücut olmamışlardı.

"İşte orada" diye heyecanla fısıldadı.

Baobap ağaçlarının etrafında yıldız şeklinde düzenlenmiş kulübeleri olan bir köydü. Dingin adamın fotoğrafındaki yerin burası olduğuna şüphe yoktu.

Yerde oturan bir grup yerli müzik yapıyordu. Biri delikli bir tasa üflüyordu. Diğeri palmiye yapraklarından yapılmış bir keman çalıyordu. Üçüncüsü ise orman toprağının zenginliğine adanmış bir şarkı söylüyordu.

Gabriel gülümsedi fakat bu gülümseme akorların egzotik havasından dolayı değildi. Yerliler, doğal elyaftan gri kumaşlar giymişlerdi...

Siyah çizgili ve puanlı.

"Bulduk, arkadaşlar..."

Gözlerini kapatıp başını yukarı kaldırdı, çiy emmiş yapraklardan geçen şafak esintisinin parmaklarını okşamasına izin verdi.

Gümüş Çengelliiğne

Bütün köy, kaplanı karşılamaya geldi. Güzellik ve gücün eşsiz bir örneği olan bu tür, yıllarca bölgenin sembolü sayılmıştı ve yerli halk, çalılıklardaki kükreme sesini çok özlemişti.

"Kaplanla geldiyseniz, hoş geldiniz" dedi baştan çıkarıcı ve orman kadar sert bir yerli. Klanın lideriydi, Gabriel'in gözlerini alamadığı o kumaşları dokuma yeteneği ona bu ayrıcalığı kazandırmıştı.

"Eğer giysilerimize böyle bakmaya devam ederseniz, sonunda giymek zorunda kalacaksınız" diye şaka yaptı.

"Gelmek istediğim nokta bu değil aslında. Bu çizgi ve punalrı bulmak için çok uzaklardan geldim."

Yerli kadın, onaylamayan bir şekilde sırıttı.

"Bir kaçakçı daha..."

"Ne demek istiyorsunuz?"

"Buraya balya balya kumaş alıp eve dönmek ümidiyle gelen ilk kişi değilsin ve geldiği yere eli boş dönecek olan son kişi de olmayacaksın. Burada kumaşları pazarlık konusu yapmayız. Bunları kendimizi iyi hissetmek için dokuyoruz."

"Ben sadece bir terziyim."

"Bir ne?"

"Mesleğim, takım dikmek."

"Bundan hoşlandım!"

Birden kollarını kaldırıp kalçalarını sallamaya başladı, müzisyenler de ona eşlik ettiler.

"Ama ben bu kumaşları satın almak istiyorum. Olabildiğince fazla hem de."

Birden dans etmeyi kesti.

"Neden?"

"Bu kumaşlarla kendi tasarımlarımı yapmak istiyorum. Geldiğim yerde daha önce kimse böyle bir şey görmedi."

Konuşmaya katılan başka bir kadına birkaç kelimeyi çevirdi. Gabriel, ayrılmadan önce çantaya koyduğu paraları çıkardı.

"Bu kâğıtları bana neden veriyorsun?"

"Bu para..."

"Biliyorum ama para yenilebilir bir şey değil... Ve o kadar kullanılmış ki... Bana sorarsan onları atabilirsin ama bu ormandan uzağa."

Tepkisi elini kolunu bağlamıştı. Kumaş satmak istememelerini ya da paraya ilgi duymamaları ihtimalini hesaba katmamıştı. Oraya varmak için harcadığı efordan sonra bu maceranın böyle sona ermesi imkânsızdı. Strateji değiştirip, köyde kullanılan bir yöntem olduğunu düşündüğü değiş tokuş yolunu kullanmaya karar verdi. Ama reddedemeyecekleri ne önerebilirdi? Yanında hiçbir şey getirmemişti.

Bir şey dışında...

Önünde takılı olan babasının gümüş çengelliiğnesini aldı. Yerli hemen fark etti.

"Bundan da hoşlandım" dedi gözlerinde bir parıltıyla.

Gabriel, beklediğinden daha basit olduğunu düşündü. Böyle bir fetişe sahip birine daha iyi ne verilebilirdi ki? Fakat iğneyi çıkarmadan, onlarsız bir adım bile atamayacağını düşündüğü hayvanlarına döndü.

"Siz ne düşünüyorsunuz?"

Ejderhanın Yükselişi

Ayı yerde oturuyor, burnunun etrafında daireler çizen arıyla oynuyordu. Sakindi, Gabriel'in aile yadigârı küçük mücevherini teklif etmesine karşı çıkmadı.

"Bunu, babamla olan kötü ilişkimin üzerine toprak atmak için yapmadığımı biliyorsun" dedi terzi.

Kendimi olduğum gibi kabullendim, eski yaraların acılarını çekmiyorum artık. Ne demek istediğini çok iyi biliyordum. Kriz döneminde, onun atölyesinde yerdeki şiltenin üzerinde yatarken tüm hatıralar acı veriyordu. Kötü zamanları düşününce, kederle dolup dibe çöküyordu; bolluk ve huzur dolu zamanları düşününce de bir zamanlar elinde olan şeyi bir daha elde edemeyeceğini düşününce de aynı şey oluyordu. Her iki durumda da doğru olanı yapamayan bir yaşayan ölüye dönüşmüştü. Doğru olan, şimdiki zamanda harekete geçip geçmiş kötü zamanların tekrarlanmamasını ya da iyi zamanların tekrar geri gelmesini sağlamaktı.

Kaplan gürültüyle kükredi, Gabriel bunun tercümesini biliyordu: "Şimdi harekete geç, bunu kendin söyledin! Bu kadar mesafeyi gelebildiysen, her zaman cesaretle, azimle ve güçle, durmadan ileri yürüyerek geldin. Bu yüzden sohbeti bırak da lanet iğneyi bir an önce yerliye ver ve almaya geldiğin şeyi al."

İğneyi çıkarırken, ejderha kanatlarını açarak bir viyaklama sesi çıkardı. Ağaçlardan yüzlerce kuş uçuştu. Köyün küçük çocukları annelerinin eteklerine yapıştılar.

"Sorun ne dostum?" Gabriel ejderhayı yatıştırmaya çalıştı.

Hayvan boynunu uzatarak viyaklamaya devam etti. Terzi gözlerine baktı. Berbat kataraktlarla kaplı olmasına rağmen, gözlerini yuvalarından fırlarcasına tabak gibi açıyordu.

Gabriel iğneyi gösterdi.

"Bu yüzden mi?"

Ejderha kanatlarını çırpıp yükselmeye başladı. Biraz... Biraz daha. Hiç yükselmediği kadar yükseldi. Dallarının arasında kaybolduğu büyük bir ağacın tepesine kadar tırmandı.

Bir sessizlik oldu.

Yerliler bakıştılar.

Ayı ve kaplan bile öylece durmuşlardı, yolculuğun başından beri her deneyişinde olduğu gibi düşmesini beklemişlerdi.

Birden bir patırtı duyuldu. Ardından bir tane daha. Birkaç saniye sonra bir ağırlık kırdığı dallarla birlikte, Gabriel ve yerlinin önüne büyük bir gürültüye, toz kaldırarak düştü.

Terzi, tozu dağıtmak için ellerini sallayıp yere düşen arkadaşının kanatlarına bakmaya çalıştı. Her ne kadar bu düşüşlere alışık olsa da bu seferki fazla yüksekten olmuştu.

"Ama..."

Ayağının dibinde yatanın ejderha olmadığını görünce şoka uğradı. Yerdeki yığın, çölden ayrılırlarken ejderhanın boynuna astığı kumaşların paketiydi.

Özgürlük

Yerli, paketteki kumaşlara bakmak için eğildi. Daha önce bu kadar yumuşak bir kumaşa dokunmadığı yüzündeki ifadeden anlaşılıyordu. Bu kumaşlarla dikeceği kıyafetleri hayal ettiği kesindi. Gabriel'e dönüp sordu:

"Çizgili ve puanlı kumaşlarımla hâlâ ilgileniyor musun?"

"Hiçbir kaçakçının alamadığı kumaşlarla mı?" dedi yarım bir gülüşle.

"Ejderhanın düşürdüğü paket için en iyi kumaşlarımdan bir balya veririm."

"Çengelliiğnemi unuttun mu?"

"Seninkilere karşılık iki paket veririm, daha fazla konuşmaya gerek yok" dedi pazarlıktan kaçınarak.

Sonunda her şey mantık çerçevesine oturmuştu. Noktaları birleştirince her şey anlam kazanmıştı. Bedevilerle karşılaşma, karşılaşılan terslikler ve çıkış yolunun görünmediği bir projeye harcanan çaba... Düşünceleri, sözleri ve hareketleri onu oraya yönlendirmişlerdi. Cömertlik, fırlatıldıktan sonra kendini bine katlayarak dönen bir bumerang gibiydi.

Yukarı bakıp mırıldandı:

"Sevgili ejderha, bunu nasıl başardın?"

"Haydi, anlaşmayı yapalım!" diye bağırdı yerli kadın. "Yeni arkadaşımız için bir dans organize edelim!"

Tüm köy, tıpkı eski günlerdeki gibi kaplanın kükremeleriyle canlanıp işe koyuldu. Gabriel baobap ağaçlarının yanına oturdu. Bir yanında ayı, diğer yanında kaplan oturuyordu. Ejderhanın çıktığı ağacın tepesine baktı. Daha iyi görebilmek için gözlerini kıstı fakat bir şey görebilmek imkânsızdı.

"İnecektir" diye düşündü.

Köyün aşçıları tepsilerle kızarmış yufka ve şekerkamışı içinde yüzen boynuzlar getirdiler. Müzisyenler seslerini titreterek söyledikleri şarkılardan bir ağ oluşturdular. Klanın tüm üyeleri iyi oldukları alanda performans sergilediler, hepsi birer müzikal oyuncusu gibilerdi.

Gabriel onlara kıskanarak baktı. Aslında bacaların, arabaların ve yangın alarmlarının olduğu bir yerden geldiği için bunun tam tersi olması gerekiyordu. Ama bu yerlilerin, geri kalan her şeyi ikinci plana atan bir şeyleri vardı: Özgürlük.

Paslanmış kemikleri ya da çürümüş derileri yoktu, vücut ısılarını kaybetmemek için konuşmama zorunlulukları da yoktu. Her yerde konuşuyor, gülüyor ve şarkı söylüyorlardı çünkü kaybetmekten korktukları bir şey yoktu.

"İşte bu..." diye düşündü Gabriel. "Kaybetmekten korkmuyorlar."

Burası, yaşayanları sürekli bir şeyler biriktirip daha dolu insanlar olmak yerine daha korkak ve zayıf hale gelen Sombría gibi değildi. Eğer avuçlarında sımsıkı tuttukları şeylerin düşmelerine izin verirlerse –bunlar insan, statü, eşya ya da tecrübe olabilirlerdi– geriye kalan her şeyin de onlarla birlikte düşeceğini düşünüyorlardı... Ve bu kaybetme korkusundan dolayı, yanlış bir şey olduğunu görseler bile hayatlarını değiştirmek için parmaklarını dahi oynatmamayı tercih ediyorlardı. Tutulmanın altında yaşamayı tercih etmişlerdi.

Özgürlüklerinden vazgeçmeyi tercih etmişlerdi.

Bir süre sonra yerli kadın bir anons yaptı:

"Şimdi en iyi kısmı geliyor."

Gabriel, vücutlarının her bir parçasını sallayışlarını etkilenerek izledi. Mutluydular, fakat yabancının büyülenerek izlediği şehvetli bedenleri değil, kıyafetleriydi...

Renkli kıyafetleri.

Gökkuşağında Gri Yoktur

Renkli kıyafetler?

"Renk" ve "kıyafet" kelimelerinin bir arada bulunduğu bir cümle düşünmesi bile imkânsızdı. Sombría'da, tek bir istisna bile olmadan herkes gri giyinirdi. Ama işte orada, önündeydiler: Kırmızı, turuncu, sarı, yeşil, mavi, mor ve çivit mavisi... Köy birden gökkuşağına bezenmişti.

"Beğendin mi?" diye sordu yerli kulağına fısıldayarak. "Bunları beyaz kumaşlara tercih edersen benim için problem yok."

Gabriel yavaşça başını salladı. Bu renkli kumaşlar onu büyülemişlerdi. Müşteriler, alışık oldukları grilerle bu çizgili ve puanlı kumaşlardan hoşlanırlardı.

Kaplan havayı tırmaladı. Gabriel'in, hedefini aklına kazıdığından, son dakika almaya geldikleri şeyin dışında bir şeye tutulup fikrini değiştirmeyeceğinden emin olmak istiyordu.

"Endişelenme dostum. Planladığımız gibi kumaşları alıp atölyeye geri döneceğiz. O kadar çok kazanacağız ki, banknotlar kutuya sığmayacak." Bu kelimeleri söylerken bir çeşit baş dönmesi hissetti.

Yüzünü gören yerli "İyi misin?" diye sordu.

Uzun zamandır yemek yemeyip birden bu nefis lezzetleri mideye indirdiği için olduğunu söyledi.

Aslında başka bir şeyden olduğunu biliyordu. Vakumlanma gibi rahatsız bir histi. Bu hisse yabancı değildi. Uzun zaman önce göğsüne bir delik açmış, onu neyle dolduracağını bulamamıştı. Ama bu defa farklıydı. Çok daha yoğun hissediyordu, sanki tüm hücreleri sonsuz bir boşlukta dağılıp sonra yok oluyorlardı.

Ejderhanın viyaklama sesleri onu bu rahatsız edici halden uyandırdı. Ağacın tepesinden gelmesine rağmen çok güçlü duyuluyordu.

Yukarılardan gelen ağlama sesleri ile şaşkına dönen müzisyenler çalmayı, çocuklar biber macunlarını çiğnemeyi, dansçılar ise sallanmayı bıraktılar.

Gabriel yukarı baktı:

"Sorun nedir dostum?" Birkaç saniye sonra kararını verdi. "Yukarı çıkacağım."

Ayı ve kaplan hareketlendiler.

"Siz ikiniz burada kalın" diyerek onları sakinleştirdi. "Şimdi arkadaşımızı kurtarmalıyım."

"Emin misin?" diye sordu yerli. "Bu, ormanın en yüksek ağacıdır."

Gabriel, yapacak başka bir şey olmadığını söyler gibi omuz silkti. Ejderhayı yok sayıp Sombría'ya dönmek, zengin olmak için dikmeye başlamak ve ailesiyle arasını düzeltmek yapılacak en kolay şeydi. Her şeyin sonunda macerasında başarıya ulaşmış olurdu. Ama dingin adam çok net bir şekilde, "Ayının kucağı, kaplanın pençesi ve ejderhanın bakışı" demişti. Üç tane. Geriye bir tek bakış kalmıştı. Astronom neyi kastetmiş olabilirdi?

Belki de yaşadığı doldurulamayan boşlukla, her şey günlük güneşlikken katbekat büyüyen göğsündeki delikle alakalıydı. Bu adam hayatına girdiğinden beri karşılaştığı hiçbir şey tesadüf değildi. Bu yüzden iki kere düşünmeyecekti, bilmeceyi tamamlamak için güneşe tırmanması gerekirse onu da yapacaktı.

Ağaca yürüyüp dallara basarak tırmanmaya başladı. Bir süre sonra yerliler karınca gibi görünüyordu. Daha sonra evler, bütün bir köy mercimek tanesi kadar küçülmüşlerdi. Tökezleyip düştüğünü düşünmek bile istemiyordu. Bu yüzden hep yukarı bakmaya devam etti.

Her zaman yukarı.

Gökyüzü Parmaklarımın Ucunda

Ağaç, birçok dağdan daha yüksekti. Yoğun bitki örtüsünün içinde muazzam ve tek başına duruyor, bir buluta kadar uzanıyordu. Ağacın tepesine ulaştığında Gabriel, gökyüzünün parmaklarının ucunda olduğunu düşündü.

Ejderha bir dalda oturmuş sonsuzluğa bakıyordu. Tek bir kelime etmeden yanına oturdu. Rüzgâr onu beşik gibi sallayınca kendini yeni doğan bir bebek gibi hissetti.

Bir anda her şey sakin ve hareketsizdi.

Aşağıya baktı. Gökkuşağı giysileriyle yerli karıncalar. Mercimek tanesi evler. Sonra ufka baktı. Devasa çöl küçücüktü. Yeni giyim mağazası zincirleri, çamurlar, keder ve Sombría küçücüklerdi...

Sakinlik...

Mesafeye rağmen, –cennet bahçesi sakinliği sayesinde– her detayı büyük bir netlikle görebiliyordu. Normalde çevresinde hüküm süren kaostan uzakta bir şeyi çok net görebiliyordu... Hayatı.

Bir süre mekanizmaları, insanları ve eşyaları hareket ettiren dişlileri izledi, yukarıdan her şey daha basit görünüyordu. Hayatın en karakteristik özelliğinin her an değişiyor olması olduğunu anladı; tıpkı bedevi yerleştikten sonra değişen kum tepeleri gibi, beklenmedik, kontrol edilemez, öngörülemez. Sevinçler, sorunlar, yine sevinçler ve tekrar sorunlar...

Dalgalar gibi.

Sombría'nın kaosunun ortasında, kornaların, egzoz dumanlarının ve yoldan geçenlerin kuşkulu bakışlarının arasındayken, bakış açısını kaybetmiş ve depresifleşmişti, bir şey kötü gittiğinde etrafındaki her şey de onunla beraber batıyordu. Kaos, olayları göreceleştirmesine engel oluyordu. Herhangi bir anlaşmazlık, ölümcül görünüyordu. Tüm bunlara karşın, o ağacın tepesinde güneş omuzlarına masaj yapıp rüzgâr kulağına fısıldarken dalgaları izledi, geldikleri gibi gidiyorlardı...

"Bir daha asla sersemliklerin beni sürüklemesine izin vermeyeceğim!" diye söz verdi. "İlham verdiğin için teşekkürler sevgili ejderha." Aşağı inmek üzereyken ejderhanın kataraktının azaldığını fark etti. Elini göğsüne koydu. Boşluk hissi hâlâ geçmemişti. Öte yandan, hiç olmadığı kadar var olduğunu hissediyordu.

Yolu şüphesiz daha da kolaylaştıracak bir yaşam vizyonuna sahip olmuştu fakat hâlâ ejderhanın bakışına erişememişti.

Kilometrelerden ve Yıllardan Çok Uzağa

"Neden beni buraya kadar tırmandırdın öyleyse?" diye sordu ejderhaya. "En azından bir ipucu versen?"

Hayvan ona yan yan baktı.

"Zaten verdin..." Gülümsedi ve ipuçlarını birleştirmeye başladı. "Çölde ilk havalanmaya kalkışında, günbatımını izlerken tepenin önünde yükseldiğinde."

Olanları tekrar hatırladı, bedevi ona hayatta yapılması gerekenin acil olan değil, önemli olan olduğunu söylüyordu... Ailesine su sağlayabilmek için bir yeraltı koridoru inşa etmek ve bunu gelecek nesillere aktarmak gibi.

"Bedevinin acil hedeflerini aşan bir amacı vardı..." Aniden bağırdı. "Tıpkı babam gibi! İkinci kez kanatlanıp buraya çıktığında, çengelliiğnemi vermemem için boynundaki kumaş paketini aşağı attın!" Küçük gümüş iğneye dokundu. "Şimdi babamın günlük savaşları kazanmaktan daha büyük amaçları olduğunu anlıyorum: Zamanın ötesinde, nesilden nesile aktarılan bir iş kurmak..."

Ağacın yüksekliğinden faydalanarak uzağa, kilometrelerden ve yıllardan çok uzağa baktı ve babasını atölyede, açılış için hazırlanırken gördü. Onu, Gabriel'in şu anki yaşında düşünmek çok sevimliydi.

Duvarları boyarken, her şeyin mükemmel olması için uğraşıp her bir düğmeyi vitrine koyarken, mankenlerin giydiği takımların kırışıklıklarını düzeltirken kırılamaz bir hevesle çalışmıştı... Aynı duvarlar, aynı düğmeler, yıllar sonra getireceği yeni kumaşları bekleyen aynı mankenler.

"Ejderhanın bakışı amacımızı anlamak" diye noktayı koydu.

Hayvan, kanatlarını alkışlar gibi çırptı. Ağacın tepesi sarkaç gibi sallandı. Gabriel, dingin adamla konuşmak için bulutu içine çekip heyecanını bastırdı, daha uzaktaki bir bulutun arkasından onu izlediğini varsayıyordu.

"Bilmeceyi çözdüm, değil mi? Ayının kucaklaması, kaplanın pençesi ve ejderhanın bakışı... İlk olarak ayının değerlerine sarılmayı öğrendim; bana çatlaklarımın ve yeteneklerimin ötesinde eşsiz bir varlık olduğumu gösteren cömertlik, merhamet ve kabullenme. Sonra, kaplan gibi cesur, azimle ve kararlılıkla hareket edip, sadece şimdiyi yaşamayı ve güçlü bir savaşçı olmayı öğrendim. Şimdi, son olarak, varlığımızın gerçek anlamının dünyevi hedeflerin üzerinde bir amaca teslim olmamız olduğunu anladım.

Ejderha ona döndü.

Kataraktlar kayboldu. İşte yeniden oradaydılar, her şeyi görebilen iki kırmızı ve parlak göz.

Gabriel'in ağzı kulaklarındaydı, saklayamıyordu.

"Sayısız yere düşüşlerinden sonra senin adına ne kadar mutluyum tahmin edemezsin. Ayrıca varlığıma anlam veren daha önemli bir amaç edinmem gerektiğini anladığım için de mutluyum. Ama nasıl bulacağım?"

Amacım

Ejderha gözlerini tekrar sonsuzluğa çevirdi.

"Dans sırasında çılgına döndüğünde, ben ne yapmıştım ki? Sadece o güzel renkli kumaşları almak için..." Ürperdi. Hayvanları diğerlerini alması için onu cesaretlendiriyorlardı. Ama neden?

Tekrar aşağı baktı. Karınca gibi görünen insanları tekrar gördü. O kadar küçük ve özgürlerdi ki. Kaplanın şerefine verdikleri partiye devam etmişlerdi. Yine şarkılar söylenmiş, yemekler yenmiş, gülünüp eğlenilmiş ve Bağımsızlık Günü'nde dalgalanan bayraklar gibi görünen rengârenk kumaşların arasında danslar edilmişti. Zincirler ve korkular olmadan. Özgürlükten daha önemli bir şey yoktu. Bilindik çamurların ve insanların daha iyi bir yaşama sahip olmak gibi bir kaygılarının olmadığı hapishane, Sombría'da olmayan şey buydu.

"Gerçekten benim..." dedi ejderhaya ya da dingin adama veya kendisine, fark eder miydi? "Gerçekten benim gibi küçük birinin, sadece renkli takımlar dikerek, Sombría'ya özgürlük gibi büyük bir şeyi getirebileceğini mi düşünüyorsun?"

Sadece sesli olarak bu soruyu sormuş olmak bile kendini iyi hissettirmişti. Göğsündeki boşluk doluyordu. O boşluğu kelebekler doldurmaya başlamışlardı.

Renkli kıyafetler, Sombría'nın giyim alışkanlıklarında çığır açıp önce ve sonra olarak ikiye ayrılmasını sağlayabilirlerdi ama daha önemlisi, Sombría'nın insanlarının hayatlarını öncesi ve sonrası olarak ikiye ayırma ihtimaliydi. Hediyesini ilham vermek için kullanabilirdi. Bu, cama çıkıp herkesin duyacağı şekilde "Zincirlerimden kurtuldum!" diye bağırmak gibi olurdu.

Tabii ki o sırada kaplan, kükreyerek ağacı tırmalıyordu. "Hayır! Çizgili ve puanlı gri kumaşları al ve paralarını saymaktan başka bir işe girme!" Fakat o andan itibaren Gabriel'in tek duyduğu, ejderhanın "Evet para kazan ama daha iyi bir biçimde. Yaratıcılığını serbest bırak ve kendinle gurur duy ama elinde olduğu sürece, daha da ileriye bak. Aileni, komşularını, etrafındaki insanları düşün. Bu renkli kumaşlarla, müşterilerine uzun zamandır istediğin ürünleri sunacaksın ve ayrıca yaşadığın dünyaya, bulduğundan çok daha güzel bir dikiş bırakacaksın. Daha iyi bir amaç hayal edebiliyor musun?"

Ayı ona "kim" sorusunu sormayı öğretmişti, kaplansa "ne". Ağaç dalında oturmakta olan bu ejderha ise ona bir neden vermişti.

Dingin adamın üzerinden onu seyrettiğini düşündüğü buluta doğru bakarak "Kalbime kazınmış bir 'kim', beynime kazınmış bir 'ne' ve ruhuma kazınmış bir 'neden' var" dedi. "Ben, huzurlu üç hayvanım."

Ve hem boşluk hissi hem de bulut gökyüzünde kayboldular.

Ben Havayım

Aşağı inip Sombría'ya dönmek için hazırlandılar. Sonradan, ejderhanın sırtında uçarak gidebileceklerini fark etti.

Yerli, ona en iyi renkli kumaşlardan hazırladığı iki balya verdi. Bedevinin verdiği kumaşları yaptığı gibi, bu balyaları da ejderhanın boynuna astı.

"İyi bağla, yolda düşmesinler" dedi yerli kadın.

"Böyle bir şey olursa emin ol atlar, onları bulurum" diye şaka yaptı Gabriel.

Hayvanın sırtına çıkmak için yöneldi, fakat son dakikada durdu. Daha önce vermeyi önerdiği çengelliiğnesini çıkardı.

"Önemi yok..." dedi yerli kadın. "Anlaşma, senin beyaz kumaşlarına karşılık benim renkli kumaşlarım üzerineydi. Sen üzerine düşeni zaten yaptın."

"Bunun yaptığımız anlaşmayla ilgisi yok. Bunu, amacını arayan başka bir terzi buraya gelene kadar saklamanı istiyorum."

"Ama bu ailenin tutkusu..."

"Eminim, babam yaptığım şeyi onaylardı. Nereden geldiğimi biliyorum. Hiç kimse bunu silemez. Ayrıca, şimdi yürürken bir parçamı kaybetmemek gibi bir amacım var."

Elini cebine sokup bedevinin verdiği hurmaya dokundu. Ayı ona arkasından sarıldı. Gabriel gülümsedi, bu büyük peluşun yanında olmasına seviniyordu. O olmasaydı, böyle bir macera yaşayabileceği aklının ucundan bile geçmezdi.

Yukarı tırmanıp ejderhanın sırtına oturdu. Kaplan ve ayı arkasına geçtiler.

Gabriel bir Moğol lider edasıyla rüzgâra doğru bağırdı:

"Uç ejderha!"

Hayvan kanatlarını çırptı ve ayakları yerden kesildi. Uçmak büyüleyici bir şeydi. Birkaç saniye sonra havadaydılar. Gabriel kendini bir tüy gibi hafif hissediyordu. Ama gökyüzünde savrulacak gibi değildi...

"Ben havayım" diye fısıldadı gözlerini kapatarak.

Işığa Dönüş

Bir süre çölün üzerinde uçtular.

Ejderhanın boynunda asılı olan balyalardan dolayı ileriyi göremiyordu. Kumlarda yaptığı yorucu yolculuktan sonra evine elinde yeni kumaşlarla döndüğü çöle yukarıdan bakıyordu. Hedefinden sapabileceğini biliyordu ama buna gerekçe olarak o beyaz kumaşları alıp gömlek yaparak bir süre için kendini kurtarabileceğini gösterdi.

"Ya devam edip elimde bir hiçle dönersem?" diye sormuştu bedevinin konik evinde kendi kendine. Konuşan kendi sesi değildi, konuşan kurbanlarını kıstırıp nefes alamamaları için ağızlarını ve burunlarını kapatan korku ağıydı. Metrelerce yukarıda, ejderhasının sırtından, işlerine ve ilişkilerine tutunmuş, ellerinde bir hiçle kalakalmaktan korkan, aynaya her baktıklarında yüzlerinin biraz daha tükendiğini gören Sombría sakinlerine baktı. Neyse ki, ayının sarılması o ağı parçalamış, kaplanın pençesi ise tamamen yerle bir etmişti de böylece çizgili, puanlı kumaşlarına doğru yürüyebilmişti. Kaplan, o kumaşların atölyeyi kurtaracağını, amaçlarına hizmet ettiklerini biliyordu. Fakat ejderha ağaca tırmanıp yol arkadaşının işlerini bozarak ona hayatta ilerlemek için ihtiyaç duyduğu somut hedeflerin ötesinde, daha çok anlam katacak bir amaç olduğunu gösterdi; o harika renkli kumaşlarla zenginleşmenin yanı sıra, şehrin sakinlerinin de hayatlarını değiştirmek.

Sombría sınırını geçip şehri çevreleyen bozkıra geldiklerinde, tutulmanın karanlığı onları ele geçirdi.

"Artık Işık'tayız!" diye bağırdı Gabriel ejderhanın ibiğini tutarken. Üç hayvanı ona delirdiğini düşünerek baktılar. Radyant da neydi?

"Sözcüklerin gücünü hatırlıyor musunuz? Zavallı sonatını Appassionata ile değiştirmiştim. Tek bir sözcük özgürlüğümüzü elimizden alabilir ama aynı zamanda bize özgürlük de verebilir. Dudaklarımın bir daha asla bana bir engel oluşturmayacağına, kelimelerimin kendi ışıklarına sahip olacağına dair kendime bir söz verdim. Yani, özgür şehrimin yeni adı Işık, Işık'a hoş geldiniz!"

Atölyenin önüne indiler.

Gabriel'in ilk işi kızının saksıdaki çiçeğinin yerinde olup olmadığına bakmak oldu. Aldığını görünce gülümsedi, anahtarları almak için elini çantasına götürdü. Bu kapıyı kilitlediğinden beri neler olmuştu? Var olmayan topraklara ilk adım atışını ve kafasını yakan, yolunu aydınlatan güneşi hatırladı.

"İlk adımı atmaya karar vermeden önce..." dedi ayıya. "Sana, şartların olgunlaşmasını beklemek daha iyi olmaz mı diye sormuştum. Hayatım boyunca, doğru zaman diye bir şeyin olmadığını bilmeden bir şeyleri değiştirmek için doğru zamanın gelmesini bekleyip durdum. Ağacın tepesinden kum tepelerini seyrettiğim zaman dünyanın tıpkı o dalgalar gibi gelip gittiğini anladım. Bedevi zaten 'Kum fırtınaları olmadan yıldızlı geceler olmaz' demişti. Ayrıca bunun trajik bir şey olmadığını da fark ettim. Bizi hedefimize yürümekten alıkoymayan, var oluşumuzun bir parçası olan gayet doğal bir şey."

Konuşmayı sürdürerek kilidi açmaya koyuldu.

"Sana tam olarak 'Yıldızların hizalanmasını bekleyelim' dediğimi hatırlıyorum, tutulmanın kendiliğinden sona ereceğine inanmıştım. Şimdi görüyorum ki, yıldızlar kendi kendilerine sıralanmazlar. Kendi gezegenimizde onları sıraya sokacak olanlar bizleriz. Bu, astronomun yıllarca yıldızları gözlemledikten sonra fark ettiği bir sır, bu yüzden sizi benim hayatıma soktu. Kendi yıldızımı bulabilmem için. Haydi, içeri girelim, yıldızımızın parlama zamanı."

Boruların Arasındaki Huzur

Ahşap zemin onları bir günaydın çatlağıyla karşıladı. Renkli balyaları tezgâha bırakırken, "Hepiniz tek seferde mi gireceksiniz?" dedi.

Arkasında nefes alış verişlerini duymayınca şaşırdı. Döndü. Orada değillerdi.

"Neler oluyor?"

Hızlıca caddeye çıktı. Her iki tarafa da baktı. Ayısı, kaplanı ve ejderhası yok olmuşlardı.

Hiçbir şey anlamadı, korkmuştu. Onlar yanında olmadan nefes bile alamazdı! Sokakta etrafı koklayıp keşfettiklerini ve geri döneceklerini umarak kapıda bekledi fakat dakikalar geçmesine rağmen hayvanlardan tek bir iz bile yoktu. Sağanakla gelen rüzgâr onu içeri girmek zorunda bıraktı.

Vakit geçsin diye getirdiği kumaşları düzenlemeye karar verdi. Kumaşları balyalarından çıkarınca bir ürperme hissetti. Bu renkli kumaşlar ormanda çok güzel görünüyorlardı ama burada, karanlık Sombría'da (Işık'ta demek istiyordu) çok abartılı görünecekleri konusunda şüphelenmeye başladı.

Bu kötü virüsleri aklından çıkarmak için başını iki yana salladı.

"Ejderhanın bakışını kaybedemem" dedi sakinleşmeye çalışarak. "Hedefime odaklanmalıyım!"

Ağacın tepesinde hissettiği kararlılığı (her şeyi daha net görebilmesini sağlayan sakinliği) tekrar hissedebilmek, bir an önce dikişe başlamak için avluya çıkıp sakinleşeceği bir yer aramaya başladı. Kafeslerin yanında sakinleşebileceğini düşündü fakat kafesleri boş görünce dünyası başına yıkıldı.

"Neden beni terk ettiniz?"

Yere oturup sırtını duvara dayadı. Rüzgâr şiddetlenmiş, yağmur hızlanmıştı. Ayıya sardığı battaniyeyi üzerine örttü. Battaniye yumuşaktı fakat dev pelüş ayısının sarılışı kadar değildi. Bu avluda nasıl huzur bulacaktı? Mutfaktan gelen is kokusunu içine çekti, borular dev birer bağırsak gibi sesler çıkarıyorlardı, ambulansın sireni bazı komşuların sarktığı pencerelerin camlarını titretiyordu.

Yüzünü elleriyle kapattı.

Birkaç tanıdık nota duydu.

Appassionata'nın ilk notaları havada süzüldüler.

Kafasını kaldırıp yukarı baktı. Kızından biraz daha küçük bir kız çocuğuydu. Atölyesinin bir üst katında bulunan yatak odasının camını açmıştı. Saçları sırılsıklamdı, alnından süzülen damlalar burnuna düşüyorlardı ama gayet sakindi. Ne soğuk, ne duman, ne borulardan gelen sesler, ne de komşuların yaşadığı kriz onu etkilemiş gibiydi. Sadece Gabriel'e bakarak şarkıyı mırıldanıyordu... Muazzam bir sükûnetle.

"Teşekkürler güzel kız" diye fısıldadı terzi. "Huzurun metrelerce yükseklikteki bir ağacın tepesinde olmadığını bana hatırlattığın için. Huzur, kaosun ortasında, kalbin içindedir. Diğer her şey gibi, içimizdedir."

Katlanan Aynalarda Kükremeler

Ölçüleri almak için doğruca salona, katlanan aynaların önüne gitti.

Dingin adamla geçirdiği tek zamanı –o zor ve harika zamanı– burada paylaşmıştı.

Kendi görüntüsüne bakıp derin bir nefes aldı. Islak saçlarına ve kıyafetlerine baktı.

"Her şey gibi..." diye tekrarladı. "İçimizde..."

Ve onları dinlemeye başladı. Önce hafif, sonra biraz daha yoğun.

Homurdanmalar.

Kükremeler.

Ciyaklamalar.

Göğsü patlıyordu, kabile davulları gibi, aynı zamanda üç keman gibi ritmiklerdi. Üçü tek bir akorda birleştiklerinde bir şimşek gibi rezonansa girdiler.

Homurdanmalar.

Kükremeler.

Ciyaklamalar.

"Ben huzur içinde üç hayvanım" dedi bilmeceyi çözdüğü günkü gibi.

Ve dikiş makinesine oturdu.

Şafak

Işık, bir yıl sonra.

Bir titreme hissetti fakat umursamadı. Beş saate yakın bir süredir uyuyordu. Gecenin bir yarısı, ertesi gün karısıyla düzenleyecekleri etkinlik için, ikinci renkli takım kreasyonunun sunumu, yarım kalan işlerini bitirmeye atölyeye koşmuştu.

Bu lansman bir öncekinden çok farklı olacaktı. Bir mankeni giydirip müşterilerin tepkilerini ölçmeyecekti. Tüm gelenekleri yıkan terzi Gabriel'in geçit törenini bekleyen bu kez şehrin gazetecileriydi.

Tıpkı yapmayı hayal ettiği gibi, devrim yalnızca insanların giysilerinde gerçekleşmemişti. Duvarlar yıkılmıştı. Zincirler kopmuştu. Bir gün, komşularından biri balkonuna bir saksı koymuştu. Kızının yetiştirdiği gibi bir çiçek, o da bazı çatlakların sızdırması sayesinde doğmuştu. Onu bir diğeri izledi, bir anda tüm binaların cephelerini yaprak grafitiler sarmıştı, artık gri renk yoktu. Bir olay, diğerine yol açtı. Televizyonlar renkli yayın yapmaya başladılar. Ebeveynler çocuklarının renkli giysilerini yalnızca evde giydirmemeye başladılar, buzdolaplarının kapakları çatı katına saklanmış rengârenk resimlerle kaplandı. Bu, küçük hurmanın mucizesiydi. Bir şuraya bir buraya atılan dikişler her şeyi değiştiriyordu. Küçük bir terzi, çölde bir kum tanesiydi fakat küçük, yoğun ve parlaktı. İçinde bir ayı, kaplan ve ejderha ile eşsiz biriydi. Güçlerini birleştirmiş üç sağlıklı hayvan onu bolluğa götürmüşlerdi. Korkunun bütün izlerini silen bir sarılma, varlıklar dünyasına zulmeden tüm kaygıyı yerle bir eden bir pençe ve Gabriel'in uzun zamandır göğsünde hissettiği bir boşluğu defeden çok yukarılardan gelen bir bakış.

Başka bir titreme daha hissetti. Bu kez bir gözünü açtı. Kızıydı. Ebeveyn yataklarında yanına kıvrılmış, yarı uyur yarı uyanık yatışını düzeltmek için kollarını ve bacaklarını esnetiyordu.

Gece lambasını yaktı. Karısı esneyerek "Saat kaç?" diye sordu.

"Kalkma zamanı. Bugün büyük gün. Ve sen... Burada ne yapıyorsun küçükhanım?" dedi kızını gıdıklayarak.

Gabriel onları öpüp kalktı. Pencereye gidip perdeyi açtı, geceyi seyrederek bir süre hareketsiz durdu.

Karısı yanına gelerek elini tuttu. Kızı sırtına tırmandı. Günün en sevdiği anı olduğunu biliyorlardı ve tadını çıkarmasını istiyorlardı.

Önce cimri bir ışık geldi.

Sonra bükülen kırmızı sıcak bir ışık.

Kısa süre içerisinde güneş, Işık'ın her köşesini aydınlatmıştı.

Bu yeni ışık, ona astronomu hatırlattı.

Tüm ihtişamıyla hayatı kutluyordu.

FELSEFE

İçinizdeki Üç Hayvanın Farkına Varın

İçimizde üç hayvan yaşar: Ayı, kaplan ve ejderha. Ayı, duygularımızı yönetir ve bize sevme yetisini verir; kaplan, hareketlerimizi kontrol eder ve varlıklar dünyasında hedeflerimize ulaşmamızı sağlar; ejderha ise yukarıdan hayatımızı düşünür ve bize anlam katacak amacı görmemizi sağlar.

Biz, onların varlıklarını inkâr ederken, dengenin yolunu tıkayan üç büyük kötülüğe, yani korku, stres ve boşluk hissine yol açan sürekli bir mücadele yaşarlar. Fakat bu üçlünün farkına vardığımızda her şey değişir. Birden, elinize hayatınızı yoluna sokacak üç güç geçer.

Eğer onları doğru beslerseniz, savaşmayı bırakırlar ve çatışma bittiğinde, niteliklerini sizi kişisel doyuma ulaştırmak için kullanmaya başlarlar. Ayınıza sarıldığınızda, yeteneklerinizin ve çatlaklarınızın ötesinde eşsiz hissedersiniz kendinizi; kaplan pençesini gösterdiğinde her geçen gün daha karmaşık bir şekilde ilerlersiniz; ejderha yol almak için yükseltip görüşünüzü keskinleştirdiğinde duygu dalgaları ve gelip giden olaylar tarafından sürüklenmeyerek gerçekten önemli olanı görürsünüz.

Tek bedende üç güç. Yenilmez olmanın sırrı budur. Her zaman, aynı anda üç hayvansınızdır.

Huzurlu üç hayvan.

Ayı

Ayı, duygularımızı yönetir. Ona sarıldığımızda, kendi duygularımızın sahibi oluruz. Diğerlerinin bizi yok etmemesi için, bizi parlatan ve kanalize edenleri tamamen kabullenme kapasitesine sahip oluruz.

Günlük hayatımızda, sürekli hissederiz. Kimi zaman harika duygularla doluruz; güven, arkadaşlık, keyif, hayranlık... Ama kimi zaman en zor olanlarıyla karşı karşıya kalırız; üzüntü, sevgi eksikliği, öfke, yalnızlık... Komik olansa, aynı senaryoyla karşılaşan bazı insanların ilkini, bazılarınsa ikincisini hissediyor oluşu. Bazıları hâlâ olamadığı kişi için suçluluk duyarken, bazıları olabilecekleri kişi hakkında ümitlenir. Kimileri eksikliğini hissettikleri şeylerin hüsranını yaşarken, kimileri sahip oldukları için şükreder. Bu, nasıl hissettiğinizin, üstesinden gelmek zorunda olduklarınıza bağlı olmadığını gösterir. Nasıl hissettiğiniz, onlarla nasıl yüzleştiğinize ve sizi nasıl etkilediklerine bağlıdır. Ayınızın sağlığına bağlıdır.

Hasta bir ayı

Ayınız hastayken, bizi kişisel doyuma ulaşmaktan alıkoyan üç şeytandan biri olan korkunun ellerinde yaşarsınız.

Kendinizi kabullenmekten, kendinizi affetmekten, tanımlamaktan, hissetmekten, yaşamaktan, olmaktan korkarız. İçimizdeki çatlaklardan birine odaklanıp sonra da bizi o çatlağın kendisi olduğumuza inandıran o işkenceci içsesten korkarız.

Ayınız besin eksikliğinden de diğer iki hayvana vermediğiniz besinin fazlalığından da hasta düşer. Az beslerseniz, duyarsız olursunuz, başka biri olmak istersiniz ve paylaşmayı bilmezsiniz. Bir diğer üç nokta da, ayınızı fazla beslerseniz, duygularınızın esiri olur, kırılganlaşır ve zayıflaşırsınız.

Ayınızı besleyin

Ayınızı beslemek için ona sarılmanız, onun şefkati, kabullenmesi ve cömertliği ile boğulmanız gerekir.

İlk varış noktası siz olmalısınız. Bu, bencillik değil, mutlu sona varmak için gerekli olan sıradır. Tıpkı hostesin kabin basıncının azalması durumunda oksijen maskesini önce kendinize sonra çocuğunuza takmanız gerektiğini söylediği gibi, aksi takdirde maskeniz yokken ona yardım etmeye çalışırken ikiniz de oksijensizlikten öleceksinizdir.

Ayının tenini, yapısını düşünün. sarılmalarının iyiliğini, kanının sıcaklığını, nefes alışının derinliğini, varlığını düşünün ve kendinizle yüzleşin. Kendinize karşı şefkatli olun ki başkalarına da olabilesiniz. Kendinizi olduğunuz gibi eşsiz bir varlık olarak kabullenin ki komşunuzu anlayabilesiniz. Kendinize karşı cömert olun ki en iyi halinizi dünyaya takdim edebilin. Tek cümle ile kendinizi sevin ki sevgi verebilesiniz.

Ayı, duygularını iki yönde besler. Kendinizi hissetme ve tanımlama şansıyla olağanüstü olun. Hayatınızdaki hangi olayların sizi derinden etkilediğini bulun ve paylaşın. Hislerinizi derinlemesine anlamak için ailenizi ve arkadaşlarınızı kullanın. Ağlamanıza izin verin, kendinizi yargılamaya değil kabullenmeye izin verin. Aynaya bakıp kendinize gülümseyin. Toprağa dokunun, kırık camların üzerinde yalınayak yürüyün. Detaylarla bağlantı kurun, duşta su teninize değdiğinde, belirli bir şarkıyı duyduğunuzda ya da bir manzarayı düşündüğünüzde neler hissettiğinizi gözlemleyin.

Daha sonra kendinize "Kim olmak istiyorum?" sorusunu sorabilmek için "Ben kimim?" sorusunu sorun. Kendi gerçekliğinizi öğrenmek için, öğrendiklerinizi unutun, parlayacağınıza inanmaya başlayın.

Sağlıklı bir ayı

Ayınız iyi beslenip sağlıklı olduğunda, korkmazsınız. Korkmazsanız, özgür olursunuz... Ve eğer özgürseniz, harika duyguların tadını çıkarır, zorlukların üstesinden size veya koşullarınıza negatif etki etmelerine izin vermeden gelirsiniz. Hangi senaryoyu yaşarsanız yaşayın, yıkıcı duygularla baş etmeniz gereken zamanlar çok az zaman olacaktır; bu, bahçenizde kendinizi ve başkalarını sevmekten başka bir gübre olmadığından birçoğunun filizlenememesindendir. Kaybedeceği bir şey olmadığı için soyulmaktan korkmayan bir keşişin sükûnetiyle yaşayacaksınız. Kim olduğunuzu çok iyi bilirsiniz: Eşsiz bir varlık. Bu yüzden parlarsınız, sizin gibi bir kişi daha yoktur. Bu kesinlik, kimsenin elinizden alamayacağı bir hazinedir.

Kaplan

Kaplan hayatımızı akılla yönetir, harekete geçmemiz için bizi iter. Pençesini gösterdiğinde, varlıklar dünyasındaki hedefimize ulaşırız.

Her gün yemek ve içmek zorundayız, karmaşık kurallarla yönetilen bir sistemde büyüyor, refah pencereleri ve başarısızlık kuyuları ile dolu bir yolda yürüyoruz. Bu yüzden, çevremizi güvenli ve sağlıklı bir ortam haline getirecek bir eylem planı ile yönetmeliyiz.

Ayı hissetme, kaplan ise yapma hayvanımız. Çevremizdeki koşullarla başa çıkmanın iki yolu vardır: Hareketlerimizi kontrol etmelerine izin vermek ya da gerçekliğimizi yöneten kişi olmak. Ayı, eşsiz olduğumuzu fark etmemizi sağladıktan sonra, kaplan bize uygun alanı bulabilmemiz, gerekirse yaratabilmemiz için bizi hareket etmeye iter. Akımın bizi sürüklemesine izin vermez; köprüler inşa eder.

Hasta bir kaplan

Kaplanınız az beslendiğinde, inisiyatifi olmayan tesirsiz bir varlıksınızdır. Korkak ve pasif görünürsünüz, zayıfsınızdır, attığınız her adımda dizleriniz bükülür. Bir diğer ekstrem uçta ise, kaplanınızı aşırı beslediğinizde umursamaz olur ve kendinizi aşırı yorarsınız. Hedeflerinizin paralı kölesi olursunuz. Stresten enfekte olmuş biçimde yaşarsınız ve üç şeytandan ikincisi sizi ele geçirir. Hem kriz hem de başarı olayları yaşayabilir, paradoksal bir biçimde zamanınızın çoğunu alan işlerin ve ilişkilerin kurbanı olabilirsiniz. Varlığınızı, yokluğa demirleyerek harcar, elinizde ne olduğunun bir önemi olmaksızın her zaman daha fazlasını istersiniz. Bu birikimin (statü, eşya, deneyim), kaplanın vücuduna zarar vereceğini görmeden, sizi tamamlanmış hissettireceğini düşünürsünüz.

Kaplanınızı besleyin

Kaplanınızı beslemek için, bir hedef belirlemeli ve her türlü mazereti (parasızlık, zamansızlık) silen bir plan çizmelisiniz. Bunun için üç yöntem kullanmalısınız: Cesaret, kararlılık ve azim.

Kaplanın cesareti, yolda bir şeyler kaybetmeniz anlamına gelse bile hedeflerinizin peşinden gitmeniz için sizi iter. Kendimizi, bugüne kadar biriktirdiğimiz şeyleri kaybedersek tüm kişisel evrenimizin çökeceği düşüncesiyle tanıdığımız, rahat alışkanlıklara demirlemeye meyilliyizdir. Bu yalnızca sabit durduğunuzda gerçekleşir. Doğru zamanı bekleyemezsiniz, çünkü böyle bir zaman yok. Varlıklar dünyası, kaotiktir fakat çizgili savaşçı, çarpışmanın ortasında kararlılıkla hareket eder. Size yaratıcı çözümler sunan azimdir ve azim, yol ne kadar karışık olursa olsun, kestirme yolların cazibesine kapılmadan, kararlılıkla devam etmenize yardım eder.

Kaplanın pençesini düşünün, kaba ama atiktir, tüyleri savaş boyaları gibi çizgilidir... Ve hareketlidir.

Kaplan, efektif sonuçlar, nicel hedefler arayan hareketlerle beslenir. Bu eylemlerin hayatınıza getirdiği iyilikler kadar kötülükleri de birleştirdiğinizde, kaybedecek hiçbir şeyiniz olmaz. Bu kayıpların boyutlarını hesaplayıp sağduyuyla karar verirseniz, sonuçları telafi edip edemeyeceğinizi görürsünüz. Kaplan, aynı zamanda sağlıkla beslenir. Vücudunuzu uygun beslenme ile formda tutun, direnç kazanmak için spor yapın. Kendinizi alçakgönüllülükle kuşatın. Düşünceleriniz, deneyimleriniz ve coşkunuz da kaplan için besindir.

Kendinize "Ben ne yapıyorum?" diye sorun ki daha sonra "Ne yapmak istiyorum?" diye sorabilesiniz. Ve ilk adımı atın. İlk adım, sonrakileri getirecektir.

Sağlıklı bir kaplan

Kaplanınız iyi beslenmiş ve sağlıklıysa, stresle baş etmek zorunda kalmazsınız. Şartlar karşısında bükülmeyen bir savaşçının sakinliğiyle hareket eder, ne kadar uzağa gitmenizden ve ne yapmanız gerektiğinden emin bir şekilde hedefinize yürürsünüz. Her hedefin faydası ve maliyeti arasındaki dengeyi bilirsiniz. Bu ikinci kesinlik yeni bir hazinedir.

Ejderha

Ejderha, varlığımızı yukarıdan düşünerek günlük yaşamın duygu ve eylemlerinin ötesinde bir amaca hizmet eder. Uçtuğunda, yaşamın iniş çıkışlarını görebilmemiz için gereken perspektif ve mesafeye sahip olur, başarı ya da başarısızlık dalgalarının bizi sürüklemesine izin vermeden asıl önemli olanın ne olduğunu görürüz.

Ayı, bize kim olduğumuzu (ben kimim) kaplan ne yapmamız gerektiğini (ne yapmak istiyorum) gösteriyorsa, ejderha da bunlara bir neden sunar. Neden yapmalıyız? Yaşamış olmak için yaşamak çok banal bir kavram. Varlığımıza anlam katacak bir amacımız olmalı.

Amaç, bir hedef değildir. Bütün hedeflerimizi kapsar ve onlardan üstündür. Ejderhanın temel özelliğine dayanmaktadır: Üstünlük. Maddi başarının ötesinde bir ışığa yürümeliyiz. Bu, tanrılar ya da kahramanlar gibi hareket etmek ya da tüm amaçlarımızın efsanevi olduğunu düşünmek değil. Mütevazı bir amaca hizmet eden her hareket ailenizi, etrafınızdaki insanları ve yaşadığınız dünyayı etkiler.

Hasta bir ejderha

Ejderhanız hasta olduğunda, boş hissedersiniz kendinizi. Göğsünüzde nasıl dolduracağınızı bilmediğiniz bir delik olur. Duygularınızın ve hareketlerinizin çılgın temposu sizi ve amaçlarınızı gölgeleyip, onları görmenizi engeller. Anlamlarını öğrenmeyi bile göz önünde bulundurmadığınız şeyler hakkında çok fazla endişelenirsiniz. Mikro olayları o kadar absorbe edersiniz ki makro vizyona asla ulaşamazsınız. Kötü beslenirse, her şey önemsiz görünür, kaostan kafanız karışır, varlığınızın önemsiz olduğunu düşünerek acı çekersiniz. Fazla beslenirse ayağınızı yerden kesip bir fantezi dünyasında kaybolmanıza yol açabilir.

Ejderhanızı besleyin

Ejderhanızı beslemek için gürültüden uzaklaşarak zihin ve kalp dinginliğine ulaşarak amacınızı bulabileceğiniz bir pozisyona geçmelisiniz.

Kanatlarını düşünün, bulutların ötesine yükselmelerine izin verin, havayı hissedin ve varlıklar dünyasının başarı ve başarısızlıklarını göreceleştirerek tüm hayatınıza belirli bir mesafeden bakın.

Bunu meditasyon yoluyla, doğayı düşünerek ya da şehrinizin, sizi kimsenin tanımadığı bir yerinde herhangi bir elektronik uyaran ve saat olmadan kaybolarak yapabilirsiniz. Kendinize yalnız olma (dahası, kendinizle olma) fırsatı verin, saflığınızı yeniden inşa edin ve bir çocuk gibi gülümseyin.

Pencereden bakın ve odaklanın.

Hayatınızın filminde olayları sahne sahne değil, doğal akışında gözlemleyin. Ejderha, sessizliğin her anından beslenir çünkü kaostan uzaklaştıkça görüşü güçlenir ve kaosun ötesini görebilir. Durgunluk sizi bilimsel değil, doğal bilgeliğe ulaştırır. Bu noktada, her şey anlam kazanmaya başlar ve kazanmadığı takdirde, o anlamı nerede bulacağınızı bilirsiniz.

Kendinize "neden" diye sorun. Ona ayının duygularıyla ya da kaplanın mantığıyla değil, içgüdülerinizle yaklaşın. Ancak soru sorarsanız cevap alabilirsiniz.

Sağlıklı bir ejderha

Ejderhanız sağlıklı ve iyi beslenmişse, boşluğun aksine tamamlanmış hissedersiniz kendinizi. Cennetten, varlıkları bağlamsallaştırma ve her birine gereken önemi verebilme yetisine sahip bir öğretmenin bilgeliğinin tadını çıkarırsınız. Dalgaların, sizi sürüklemeden ve amacınıza zarar vermeden nasıl gelip gittiklerini izlersiniz. Hayatınızın anlamının ne olduğunu kesin olarak bilirsiniz. Bu üçüncü kesinlik de sizin üçüncü hazinenizdir.

Güçlerin Dengesi

Ayının, kaplanın, ejderhanın ve hikâyenin başkahramanı Gabriel'e göre işi batmıştı. Parmağını bile hareket ettirecek durumda değildi ve atölyesindeki bir şilte üzerinde yatıyordu. Kâğıt üzerinde, sorunlarının çözümü kaplanı beslemek ve başka bir iş aramak olurdu. Ama ekonomik sorunları çözülse bile mutsuz olmaya devam ederdi. Ayı ve ejderhası kaplan gibi kötü beslenmişlerdi. Kendini sevmiyordu, kendini kabullenmekten korkuyordu. Varlığına anlam katan bir amacı olmadan, kendini bomboş hissediyordu.

Kişisel doyuma ulaşabilmemiz için üç hayvanımızın da sağlıklı olması gerekir. Üç.

En iyi ihtimalle, içinizde daha dominant olan bir hayvan vardır. Bazı insanlar daha çok ayıdır, bazıları daha çok kaplan, bazılarıysa daha çok ejderhadırlar. Şundan eminim ki, hayatınızın belli evrelerine bağlı olarak bir tanesini her zaman daha fazla beslemeniz gerekir. Gençlikte, kaplan kükremelidir. Yetişkinlikte, yılların çalışmasının ardından bakımsız kalmış ayı ilgiye ihtiyaç duyar. Kriz anlarında, ejderha yol göstermek, eylemlerinizi gerekçelendirmek ve amacınızı pekiştirmek için yükseklere uçmak zorundadır.

Onlar, içinizdeki üç güçtür ve kişisel doyuma ulaşabilmeniz için gerekli zamanlarda size yardım etmek için oradadırlar. Ama bunun için, öncelikle yalnızca üç sağlıklı hayvanın size verebileceği dengeyi kurmakla başlamalısınız.

Uygun beslenirlerse, kendilerine ait alanlarda huzur içinde yaşarlar. Ayı, koşulsuz sevgi sığınağı aradığı dünyanın tepesinde; kaplan, kaynakları yönettiği zeminde ve ejderha, hatırı sayılır bir mesafede, gökyüzünde.

Herhangi bir müdahale olmaksızın, her biri kendi alanında özgürce hareket ederler.

Gabriel'in sağlıklı bir ayı ve ejderhası olsaydı, atölyesi konusunda asla tereddütleri olmaz ve kim olduğu, neden orada olduğu konusunda emin olurdu. Bu hayvanlar, iş problemlerini çözmek için, savaşmaya adanmış kaplanla bir çeşit çatışmaya girmeyeceklerdi. Fakat hasta oldukları için ölümcül bir çatışma ortaya çıktı. Tereddütlerini mantığıyla çözmek yerine, Gabriel bunu bir kalp sorunu haline getirdi. Problemler onu yalnızca meşgul etmedi, ıstıraba sürükledi ve sonunda boşluğa düşürdüler. Ne yazık ki çok alışılageldik bir durum.

İşsiz kalırsanız, yapmanız gereken ilk iş kaplanınızı besleyip problemle gerekli yaklaşımlarla (cesaret, azim ve sakinlik) yüzleşmek, ortama uyum sağlamak ve size eşsiz olduğunuzu hissettirecek bir alan bulup eğer ayınız sağlıklıysa çatlaklarınız arasından kararlılığınızı parlatarak başarılıyken olduğunuz kişi olduğunuzu kabul etmek. Bu kararlılıkla, kaplan özgür ve verimli hareket edebilir. Ama ayınız kötü beslendiyse, kalbinizden çıkar ve savaşçının yaşadığı alanı işgal eder. Denge kırılır. Kaplan, sorunu çözerken zorlanır çünkü üzerinde alanında dolaşan ayının yükü vardır. Kaplan, işinize son verilmesi ya da müşterilerinizin ürünlerinize talep göstermemesi sebebiyle moralinizin bozuk olduğunu bilir; yeteneğinizi başka bir yerde kullanmanız gerektiğini bilir, hatta bu duruma yaşamın çağrısı da denebilir. Fakat hasta ayı, kulağınıza sürekli işinizin kötü gittiğini çünkü başarısız biri olduğunuzu tekrarlar. Değersiz olduğunuzu düşünene kadar bu çatlağı eşeler. Kendinizi suçlar, depresyona girer, affetmez, kabullenmez ve sevmeyi bırakırsınız... Ve işinizi kaybetmekle kalmaz, hikâyenin başkahramanının geldiği noktaya gelirsiniz.

Bu siz değilsiniz. Dengenin kırılması, sizi kendinizin karmakarışık versiyonuna sürükler. Siz huzur içinde üç hayvansınız.

İhtiyacınız olan hayvanı çağırın

Denge sağlandığında, ihtiyacınız olan hayvanı aramakta özgür olursunuz. Böylece gerekli senaryolarda ihtiyacınız olan tüm gücü ortaya koyabilirsiniz.

Hayat sizinle konuşur, ayının, kaplanın ya da ejderhanın ağırlığıyla cevap vermeniz gereken sonsuz sayıda durum yaratır. Bazı durumlarda ona sarılmak, bazılarında pençelerinizi göstermek ve bazılarında da yükseklere uçup dalgaları uzaktan gözlemlemek, negatif yanları göreceleştirmek, pozitif yanları değerlendirmek ve gerçek anlamı bulmak zorundasınızdır.

Bu şiarı, iletişim gibi basit bir şeye uygulayalım. Bir yere varmayan iş toplantılarını ya da kötü bir tartışmaya dönen yemekleri düşünün. Bunlar, katılımcıların farklı hayvanların etkisiyle konuşmalarından dolayı olur.

Çalışanınız ona daha fazla güvenmeniz için duygularınıza hitap eder ve siz ona daha yüksek verim talep eden bir Excel tablosu gösterirseniz, savaş başlar. Çatışmayı önlemek için, ilk olarak, merhamet, kabul ve cömertliğe dayanan bir anlaşmaya vararak ayınız ile karşılık vermelisiniz.

Bunu yaptıktan sonra, işinizdeki zorluklarla baş etmesi için kaplanı uyandırın, yüksek ihtimalle kendi kaplanının olanca gücü ve adanmışlığıyla cevap verecektir.

Bu sıralama yalnızca birebir konuşmalarda geçerli olmamalıdır. Tüm işinizi her zaman kaplanın pençesini kullanarak yürütemezsiniz. Kendinize ve sevdiğiniz insanlara kullandığınız ayının sarılmasını müşterilerinize ve çalışanlara da kullanmak zorundasınız. Hayvanınıza sorun: Kendimin veya sevdiklerimle geçirdiğim zamanın ne kadarını bu hedefe yatırım yapmakla harcamak istiyorum? Aynı şekilde, amacınızı bulmanızı sağlayan ejderhanın bakışını bir hava durumu işareti gibi kullanın.

Ona sorun: Bu hedef, amacıma ve yaşamak istediğim hayata ulaşmama yardım edecek mi? Bu yüce hedefe katkım ne? Bilinçli bir karar verdikten sonra, kaplanın hareketine eşlik eden sağlıklı birer ayı ve ejderha ile hemen yolunuza devam edebileceğiniz için, son dakikada ortaya çıkan terslikler bile küçük olacaklardır. Ne yapmanız ve ne kadar ileri gitmeniz gerektiği konusunda emin olacaksınız.

Duygusal düzlemde de aynı şey olur. Örneğin, ejderhanın yüksekliğinden bakan partneriniz size bir çocuk sahibi daha olmanın zamanı geldiğini söylediğinde, ev kredisi reddini göstererek bu isteğine karşı çıktığınızda, bir çatışma çıkmamasını bekleyemezsiniz. Varlıklar dünyasındaki bu yeni duruma uyum sağlama şekliyle ilgili kaplanın söyleyeceği bir şeyler olduğu ortadadır, fakat önce yukarıdan kararınızı gözlemleyen ejderhanın alanına çıkıp beraber aşağıya, savaşçınızın yaşadığı zemine inmeniz gerekir.

Aynı şekilde, sadece kaplan pençesiyle işlerinizi yönetemeyeceğiniz gibi sadece ayının sarılmasına dayalı bir ilişki de düşünemezsiniz. Varlıklar dünyasında komplikasyonların ortaya çıktığı ilk günden itibaren kaplanın niteliklerini kullanın; aynı zamanda her şeyin tepetaklak olmuş gibi göründüğü bu anları aydınlatması için ejderhanın bakış açısını kullanın.

Üç hediye

- Ayının, kaplanın ve ejderhanın içinizde yaşayan, tek bedende üç güç olduklarının farkında olun.
- Hasta olan hayvanı, diğerleriyle arasındaki dengeyi bozmadan besleyin.
- Her zaman ihtiyacınız olan hayvanı çağırın ve onun gücüyle hareket edin.

SON SÖZ

Kendinizi sevin, kendinize şefkatli ve cömert davranın, kendinizi kabullenin ve eşsiz bir varlık olarak parlayın. Siz ayısınız, bunu kalbinize kazıyın.

Varlıklar dünyasındaki hedeflerinize ulaşmak için azimle, cesaretle ve kararlılıkla hareket edin. Siz kaplansınız, bunu beyninize kazıyın.

Günbegün dalgaları göreceleştirmek ve varlığınıza bir anlam katacak olan amacınızı bulmak için hayatınıza yukarıdan bakın. Siz ejderhasınız, bunu ruhunuza kazıyın.

Aynı anda ve her zaman üç hayvanınızsınız.

Gözlerinizi kapayın, sessizce durun, içinizde atan kalplerini fark edeceksiniz. İçinizdeki üç kalp atışı, sizin kalp atışınızdır.